EYSHILA SANTOS

NADA PODE CALAR UMA *mulher* de *fé*

hagnos

©2019 por Eyshila Santos

1ª edição: maio de 2019
1ª reimpressão: julho de 2024

Revisão: Norma Cristina Braga Venâncio e Andrea Filatro
Diagramação: Sonia Peticov
Capa: Rafael Brum
Editor: Aldo Menezes
Coordenador de produção: Mauro Terrengui
Impressão e acabamento: Imprensa da Fé

As opiniões, interpretações e conceitos desta obra são de responsabilidade de quem a escreveu e não refletem necessariamente o ponto de vista da Hagnos.

Todos os direitos desta edição reservados à
Editora Hagnos Ltda.
Rua Geraldo Flausino Gomes, 42, conj. 41
CEP 04575-060 — São Paulo, SP
Tel.: (11) 5990-3308

E-mail: hagnos@hagnos.com.br | Home page: www.hagnos.com.br

Editora associada à ABDR (Associação Brasileira de Direitos Reprográficos)

Dados Internacionais de Catalogação na Publicação (CIP)
Angélica Ilacqua CRB-8/7057

Santos, Eyshila Oliveira
Nada pode calar uma mulher de fé / Eyshila Oliveira Santos. — São Paulo: Hagnos, 2019.

ISBN 978-85-243-0566-5

1. Mulheres — Vida cristã 2. Cristãs 3. Fé 4. Coragem 5. Devoção I. Título

19-0286   CDD-248:843

Índices para catálogo sistemático:
1. Mulheres – Vida cristã

Dedico este livro à minha mãe, Zulmira de Souza Oliveira. Se existe uma mulher mais empoderada pelo Espírito Santo do que ela neste tempo, eu desconheço. Sua fé me inspira. Mãe, você para mim é o maior exemplo de mulher de fé. Amo você!

AGRADECIMENTOS

Agradeço ao meu Deus, meu pai e amigo mais fiel. Só Ele tem o poder de operar em mim o querer e o realizar. Ele é a fonte da minha fé, alegria e força.

Ao meu marido Odilon Leal Santos, meu amor e melhor amigo. Como eu amo esse homem!

Ao meu filho Lucas, herança e recompensa que Deus me deixou. Não tenho nem palavras para expressar a minha gratidão a Deus pela vida dele. Ele é a flecha que ainda vou ver chegando mais longe do que eu e seu pai.

Aos meus pais, pastor Antonio Oliveira Neto e dona "Zuzu", de quem herdei o amor pela música, pela Palavra de Deus e pela leitura. Colunas de oração em minha vida. Amo demais da conta!

Aos meus pastores Silas e Elizete Malafaia, meus mentores e exemplos de fé.

Ao pastor Alexandre Rangel e Ana Claudia, meus pastores locais, além de amigos muito especiais.

Aos meus irmãos Liz Lanne, Wellingthom e Wesley, e cunhados Rubens, Giselle e Patricia, minha torcida mais fiel nessa terra. Além dos meus sobrinhos Maithe, Duda, Rebeca, Heitor, Bia e Malu.

À Editora Hagnos, pela excelência em tudo o que se propõe a realizar para o Reino, e a toda a sua equipe, que me recebeu com tanto carinho e não mediu esforços para me ajudar em tudo de que precisei.

Ao Julio Carvalho, gerente comercial e marketing, pelo contato e pelas ideias que me inspiraram.

Ao Juan Carlos Martinez, gerente editorial, pela paciência e pelas aulas que me deu. Muito fera!

A Norma Cristina Braga, pelo capricho na revisão e no copidesque.

A Andrea Filatro, pela segunda revisão. Ficou *top*!

A essa tão preciosa família formada por Mauro, Marilene e Thiago Terrengui, que são o coração da editora, pela credibilidade e a forma honrosa com a qual me receberam em sua casa.

À minha secretária Elaine Gonçalves, por ter lido, e "chorado" cada capítulo antes de todos, e por sua fidelidade de tantos anos. Amiga mais chegada que muitos irmãos. O que eu faria sem você?

À Dra. Rosana Alves, por sua contribuição científica tão relevante nesse trabalho. Sua dedicação me comoveu além do que posso expressar.

À minha amiga e psicóloga Silvana Peres, por abrir aqui o seu coração e suas lembranças como fonte de cura, e por ter sido usada por Deus na minha casa como oásis no pior deserto da nossa vida. Ainda viveremos outras vitórias!

À Dra. Andreia Lima, amiga e conterrânea, pela sua contribuição em forma de testemunho e por não ter desistido jamais. Você me inspira, mulher!

Às amadas amigas Renata Matheus e Bianca Toledo, pelos testemunhos impactantes de vida que têm encorajado multidões.

Às minhas sempre amadas e *best friends* da vida, eternas Voices, Fernanda Brum e Jozyanne, por terem formado comigo um trio, abrindo ao povo uma janelinha de sua vida em forma de testemunho para edificação do corpo de Cristo. Amo vocês!

A Julia Giustino, amiga recente, porém mais que presente. Já faz parte da nossa família. Amo você, o Du, a Vi e o Felipe.

À querida Priscila, minha amiga pastora *rock*, *ska*, *surf*, pregadora poderosa e cheia do Espírito Santo. Presente de Deus neste tempo e para sempre.

A todos os pastores e pastoras que têm confiado a mim os seus púlpitos e suas preciosas ovelhas nesses mais de vinte anos de ministério, minha eterna gratidão. Aos intercessores que oraram e ainda oram por mim, espalhados pelo Brasil e pelo mundo afora.

Especialmente à minha igreja, Assembleia de Deus Vitória em Cristo, que tem sido o meu quartel-general, meu refúgio e minha fonte de cura durante metade da vida que já vivi.

Bondade e misericórdia certamente me seguirão todos os dias da minha vida; e habitarei na Casa do Senhor para todo o sempre (Sl 23.6).

PREFÁCIO

Nada pode calar uma mulher de fé não é apenas mais um livro apresentado ao público, mas uma linguagem que vai a público por meio de um livro, uma linguagem que sai do âmago da alma de uma mulher que poderia calar a dor e ser apenas uma porta-voz das mensagens bíblicas em suas canções. No entanto, ela decidiu, mais uma vez, não se calar diante da dor de existir nas mais difíceis angústias da vida.

Eyshila foi sempre uma voz de louvor e adoração em toda a sua existência, uma voz ungida que flui de uma alma inspirada, traduzindo em canções a mais vívida expressão do seu ser. Além das canções, sua voz também ecoa na ministração da Palavra e nos testemunhos que revelam sua profunda intimidade com Deus.

A dor pode, muitas vezes, emudecer uma pessoa e lançá-la na depressão, em um processo de demissão subjetiva — demitir-se de si mesma, da alegria, da motivação para a vida e da esperança de um futuro promissor. Seria compreensível para muitos uma resposta dessa natureza para alguém que está sofrendo ou vivendo um luto. Acomodar-se na cama da vitimização parece ser mais fácil e é a saída que muitos escolhem. No entanto, a vitimização cria uma mentalidade pessimista da vida, conduzindo a pessoa pelo caminho da amargura. Perde-se a capacidade de enxergar a beleza da vida, além de privar-se da graça de Deus, isto é, de permitir-se desfrutar dos benefícios dados pelo Pai através do Seu filho Jesus.

Definitivamente esta não é Eyshila, e não foi esse o caminho que ela escolheu para trilhar. Em meio à dor e à perda, quando se pensou que ela já tinha gasto todas as suas reservas emocionais nos desafios já vividos como esposa, eis que novamente emerge a guerreira corajosa, lutadora valente, para além do que ela já havia experimentado. Sabemos que no ciclo natural da vida são os filhos que enterram os pais, e a inversão dessa ordem produz sentimentos e sensações que não é possível nomear, diante da devastação da profunda e avassaladora dor.

Como encontrar recursos internos para tirar a alma — essa nossa alma tão humana — do calabouço das lágrimas e da dor? Ah! essa é uma ação para o Espírito Santo de Deus, que entra com Seu sublime consolo. No entanto, o seu consolo precisa ser acolhido na alma, na permissão dada para sentir-se como criança no refúgio acolhedor do Pai.

Este é o momento em que o Espírito Santo sedimenta a bem-aventurada esperança no coração. A esperança é a âncora da alma, como escreveu o autor de Hebreus. Assim como no mar revolto e nas tempestades da vida, a âncora dá firmeza e sustentabilidade ao navio, a esperança acalma a alma quando as emoções afloram como um turbilhão de ondas encapeladas.

Este é o caminho da fé. Não uma fé como um assentimento intelectual religioso, mas a fé que pulsa e instila vida, a fé que abre os olhos para a visão de futuro para além da morte, a fé que faz ver o invisível, que vislumbra as promessas na convicção de que o que o Abba Pai falou é verdadeiro e digno de confiança.

Na verdade, este livro de Eyshila é uma expressão real do que o apóstolo Paulo afirma em 2Coríntios 4.13: *Está escrito: Cri, por isso falei.* A fé é o fundamento que sustenta a linguagem que aflora da alma da mulher que não se cala. Não se cala, apesar da perda e da dor; não se cala, apesar das lágrimas que insistem em revelar a linguagem da alma; não se cala, apesar do luto e da saudade.

Eyshila não se calou em nenhum momento. Em meio ao luto e à dor, ela ministrou em alguns congressos aos quais eu estava presente, e a linguagem que ecoava da sua alma tornava visível a ação do Espírito Santo, evidenciando a fé que fluía em suas palavras.

Algumas frases foram muito especiais:

"Se eu tenho que chorar, que seja no altar do Senhor. Troque a sua dor pela presença de Deus." O altar é o melhor lugar para chorar e receber consolo, onde as lágrimas são recolhidas como preciosas para Deus. Este é sempre o lugar de refúgio, amparo, acolhimento e presença.

"O inimigo não pode resistir a uma mulher que caminha por aquilo que crê." Trata-se de uma verdade incontestável que a autora validou em sua trajetória e nas páginas deste livro.

PREFÁCIO

"Se eu tenho que chorar, que seja em movimento." Sim, e tem que chorar, porque chorar faz parte da nossa humanidade e é importante para limpar o emocional das emoções angustiantes. Porém, chorar em movimento é de outra ordem. A vida pulsa, apesar da dor, e o pulsar da vida convoca à movimentação e não à estagnação. Que sublime revelação que a autora recebeu por ter decidido buscar a sabedoria como um tesouro precioso! Isto é olhar a vida na perspectiva de Deus, na sabedoria que vem do alto, no discernimento que ultrapassa o visível. É interpretar as perdas como oportunidade de ganhos espirituais. *Aquele que sai chorando enquanto lança a semente, voltará com cantos de alegria, trazendo os seus feixes* (Sl 126.5). Os cantos de alegria fluem da alma e da voz dessa adoradora, dessa mulher de fé que não se calou.

Na verdade, ao ler este livro, você ampliará a compreensão sobre o luto em um viés muito especial, na elaboração da alma de uma princesa amada do Pai, que já revelava sua fé muito antes de ter percorrido os difíceis caminhos do vale da sombra da morte, da dor da perda e da real vivência do luto. Porque ela creu na bondade e na misericórdia, porque ela confiou na soberania de um Deus bondoso, porque ela ancorou sua alma na esperança, ela não se calou. É preciso fé, é preciso crer, é preciso confiar, para além da razão humana, para não permitir o emudecimento da alma: Cri, por isso falei.

A autora escolheu ainda algumas histórias bíblicas para respaldar seu tema e propósito neste livro. São relatos das Escrituras que ampliam a compreensão da importância da fé como fundamento de sustentação em nossa trajetória humana, como seres espirituais que somos. Cada relato traz uma lição de vida bem compreendida pela autora, que nos ajudará a enfrentarmos as adversidades e desafios da vida com base no que cremos.

Nunca vamos nos acostumar com a morte, porque não fomos criados para morrer. A morte é uma transgressão da vida original recebida no Éden. Foi necessário o sangue derramado do Filho de Deus na cruz do calvário para vencer a morte. Jesus morreu, mas não ficou prisioneiro da morte; Ele ressuscitou e por isso venceu a morte. Crer que a morte foi vencida é a base de sustentação da fé, é a aceitação de que o corpo

NADA PODE CALAR UMA MULHER DE FÉ

corruptível ultrapassa essa dimensão terrena e se reveste da incorruptibilidade para retornar à casa do Pai. Como disse o apóstolo Paulo: *Ora, se morremos com Cristo, cremos que também com ele viveremos* (Rm 6.8).

O falecimento do Matheus foi algo inesperado, avassalador e até mesmo devastador nos limites da nossa racionalidade humana. Todos nós, juntos com Eyshila, oramos intensamente pelo milagre. Mas, como ela relatou, o ambiente que se criou em torno do seu filho alcançou uma dimensão muito mais além do que era visível. Formou-se uma corrente de oração e intercessão, de unidade de propósitos, de amor e adoração, que projetou cada intercessor na dimensão espiritual da graça de um Deus que consola, que olha com misericórdia para seus filhos em uma humanidade sofredora na dor das limitações humanas.

Foi em meio às encapeladas ondas do mar revolto da vida que Eyshila não se calou para encorajar outros que estão sofrendo, que estão se sentindo solitários, que estão desesperados com a possibilidade do naufrágio: "As mesmas ondas que hoje te apavoram vão conduzir o seu barco para o lugar que Deus planejou. A tempestade faz parte do caminho, mas ela não é o seu fim. Mantenha-se firme. Existe vida após a tempestade." Aleluia!

Sua dolorosa experiência relatada nas páginas deste livro, junto com as palavras de orientação e consolo, confirmam o que o apóstolo Paulo escreveu: *Bendito seja o Deus e Pai de nosso Senhor Jesus Cristo, Pai das misericórdias e Deus de toda consolação, que nos consola em todas as nossas tribulações, para que, com a consolação que recebemos de Deus, possamos consolar os que estão passando por tribulações* (2Co 1.3-4).

A autora não calou a dor, mas lhe deu um significado revelado na elaboração do seu luto vivenciado com as lágrimas da sua sensibilidade de mãe. Ela se permitiu viver sua humanidade sem rótulos religiosos de superpoderes, para hoje abrir seus lábios em expressões de profunda compreensão do amor e da graça de Deus, mesmo quando a resposta de Deus não cabia nos enquadres humanos da nossa racionalidade. E, para mim, a expressão mais significativa advinda da essência da sua alma, que ela tão profundamente nos contou como surgiu e se transformou em canção, foi "O milagre sou eu". Torna-se claro que a autora saiu da vivência natural para uma vida sobrenatural como filha amada do Pai, como princesa do Reino do Abba Pai.

Meu convite a você, amado leitor, no prefácio deste livro, é que se permita ser tocado pela voz dessa mulher, mãe, adoradora experimentada na perda e na dor, mas também no bálsamo consolador do Espírito Santo. Sua fé a levou aos limites da dor e a impulsionou à superação, na convicção de que ser mais que vencedora é, na verdade, fazer a travessia da dor para descansar no amor — pois Deus é amor. Aproveitem cada capítulo inspirado que essa mulher, que não é a Mulher Maravilha, mas é maravilhosa, escreveu com tanta propriedade, porque recebeu a maravilhosa graça de Jesus. Mais que uma inspiração, um vívido testemunho de uma fé que não pode se calar na voz de uma adoradora que vive o milagre da vida através da fé.

ILMA CUNHA
Teóloga, psicanalista, terapeuta familiar, consultora
e instrutora de treinamentos na área comportamental
em empresas públicas, privadas e empresas familiares

Apresentação

Falar da minha irmã Eyshila é muito fácil porque as lembranças fluem de uma forma muito natural, embora esse livro inteiro não seja suficiente para comportar todo o meu amor por ela. Para mim, ela sempre foi uma mulher resiliente e cheia de fé. Quando éramos crianças e nossos pais precisavam viajar para fazer a obra de Deus, ela ficava com a responsabilidade de cuidar de nós três, meus dois irmãos gêmeos e eu. Isso não era uma tarefa muito fácil e continua não sendo até os dias de hoje (risos!).

Ela ainda era muito jovem quando meu pai percebeu que tinha vários talentos e, então, começou a incentivá-la a investir em todos eles, inclusive escrever. Lembro-me de vê-la parar de brincar para atender à tarefa de copiar a Bíblia em inglês, de próprio punho. Coisas do meu pai!

Assim ela foi crescendo em obediência, conhecimento e fé. A fé que a Eyshila tem em Deus é algo marcante e ao mesmo tempo latente em sua trajetória de vida. Lembro-me de dormir no mesmo quarto que ela, na mesma beliche, durante toda a nossa infância e juventude. Eu dormia em cima e ela embaixo, e todas as noites ela passava muito tempo orando. Não foram poucas as vezes em que acordei ao som de suas orações.

Eyshila sempre soube a quem recorrer na hora da dor, desde a nossa infância. Minha irmã sempre cuidou de mim como uma mãe-irmã urso! Ela me ensinou a cantar, pregar, perder a timidez. Ensinou-me a andar com minhas próprias pernas e voar com minhas próprias asas. Tive dificuldade em querer voar sozinha porque suas asas eram bem grandes. Era tão cômodo e bom voar sempre com ela!

Muitas vezes tive vontade de sair correndo atrás dela, de tanto medo que senti de ficar distante. A primeira vez que nos separamos foi quando ela se casou. Foi um ano longo e difícil pra mim, mas logo depois eu também me casei e ela deu à luz o meu primeiro sobrinho, o Matheus. Um ano depois veio o Lucas. Lembro de ir para a casa dela todos os dia, só para ficar lá, mesmo em sua ausência, porque era um lugar de paz. Não era fácil pra ela ser mãe de dois, mas ela cumpriu essa missão brilhantemente, até o dia em que aprouve a Deus tomar para si o seu primogênito. Foi um momento de profunda dor para toda a nossa família, e mais uma vez eu pude ver minha irmã rendida aos pés do Senhor, adorando apesar da própria dor, como uma flor que exala o seu mais precioso perfume ao ser esmagada.

Passamos por muitas alegrias, conquistas, dores e perdas, mas hoje sabemos que podemos todas as coisas nAquele que nos fortalece. É com essa força de Deus que ela consegue inspirar tanta gente. Ela não é uma bênção apenas nas páginas de um livro para você, leitora. Ela é uma bênção como esposa, filha, amiga, mãe e irmã, nos bastidores, aonde você não tem acesso. Ela é a minha melhor amiga e confidente. É capaz de guardar os meus segredos melhor do que eu mesma. Se eu pudesse escolher mil vezes uma irmã, escolheria a Eyshila, do jeito que ela é porque, para mim, ela é um exemplo a ser seguido. Ela é uma mulher que ama servir a Deus e não abre mão disso. É um tanque de guerra que se recusa a parar, mesmo diante dos piores obstáculos que possam surgir. Ela passou pelo luto cantando que não iria parar, mas se dispôs a continuar, andando e chorando, adorando a Deus e encorajando pessoas. Isto tem feito dela uma mulher conhecida no céu e temida no inferno. Ela se recusou a morrer, mas decidiu viver porque o milagre é ela.

A minha irmã não tem medo da morte porque Jesus venceu a morte e ela sabe que, se um dia a morte chegar perto dela, vai encontrá-la agarrada às promessas de Deus. A morte nunca vai derrotá-la porque ela sabe que existe um céu de verdade onde viverá eternamente adorando ao Rei Jesus. A sua vida é a prova cabal de que *nada pode calar uma mulher de fé.*

Liz Lanne Araújo

Cantora, compositora e irmã caçula de Eyshila

Sumário

Introdução • 17

Parte um: CAMINHO

Capítulo um
A mulher dos tempos atuais • 23

Capítulo dois
A importância da oração • 30

Capítulo três
Lágrimas no altar • 38

Capítulo quatro
Deus no controle • 47

Parte dois: BATALHA

Capítulo cinco
Batalha • 57

Capítulo seis
Despedidas e aprendizados • 67

Capítulo sete
Firme em meio às tempestades • 81

Capítulo oito
Mulher Maravilha • 89

Parte três: PLANO DE DEUS

Capítulo nove
Plano de Deus • 107

Capítulo dez
Mais sobre perdão e perseverança • 123

Capítulo onze
Entre a fé e a depressão • 132

Capítulo doze
Fala comigo • 143

Parte quatro: MULHER VIRTUOSA, MULHER DE VITÓRIA

Capítulo treze
Como pedra preciosa • 163

Capítulo catorze
Pequenos detalhes • 174

Capítulo quinze
Gerando pérolas • 185

Capítulo dezesseis
O milagre é você • 207

Conclusão • 229

Introdução

Pois, como ele diz nas Escrituras: "Um pouco mais de tempo, e virá aquele que há de vir; ele não vai demorar. E aqueles cuja fé os tornou justos aos olhos de Deus devem viver pela fé, confiando nele em tudo. Do contrário, se eles recuarem, Deus não terá prazer neles". Nós, porém, nunca demos as costas a Deus para decretarmos a nossa própria destruição. Nós somos dos que creem e são salvos (Hb 10.37-39).

"Posso te dar um abraço?" Esta é uma das perguntas que mais tenho ouvido nesses últimos tempos. Um momento que me marcou foi quando, ao entrar em uma lojinha de souvenirs em Natal-RN, fui abordada pela vendedora que, com os olhos marejados de lágrimas, perguntou: "Você não é aquela mãe que perdeu o filho?"

Eu devolvi a pergunta com outra: "A senhora é evangélica?"

Ao que ela me respondeu: "Não, eu sou católica, mas orei muito pelo seu filho."

Naquele momento fui invadida por uma mistura de gratidão e indignação. Gratidão porque Deus, em Sua infinita misericórdia, estava mais uma vez me mostrando o tamanho do exército sem fronteiras, sem rótulos, sem nome na minha lista de contatos, mas imensamente poderoso que Ele havia levantado para interceder por mim e pela minha casa. Pessoas que nunca haviam ouvido falar de mim, nem como cantora e compositora. Apenas sabiam que eu era a mãe do Matheus, o menino que morreu.

Porém, não pude esconder de Deus a minha indignação diante da perspectiva de ser conhecida como a mãe que perdeu o seu filho. Então olhei dentro dos olhos daquela gentil senhora e respondi: "Não, minha amada. Eu não sou a mãe que perdeu o filho. A gente só perde alguém quando a gente não sabe onde esta pessoa está. Eu sei exatamente para onde o meu filho foi; ele foi para os braços do Pai."

Naquele momento eu também não consegui conter minhas lágrimas, abracei-a com muito carinho e gratidão pelas orações que ela havia feito por mim e pelo meu filho, mesmo sem nos conhecer. Escolhi algumas lembranças de sua loja para comprar e ela me honrou com um presente.

Quando cheguei do lado de fora comecei o meu diálogo com Deus, como de costume, após situações que me confrontam. Eu disse: "Senhor, eu não perdi o meu filho. Eu o devolvi a ti. Eu aceitei a tua vontade e decidi seguir em frente pela fé. Então, eu não quero ser conhecida pela dor que eu vivi, mas pela dor que eu venci. Esse é o nosso trato. Afinal, o milagre sou eu. Amém."

Saí daquele lugar com muita paz em meu coração e com a certeza de mais uma missão: encorajar mulheres a seguirem em frente, apesar de suas dores e frustrações, provando-lhes que, por meio da fé genuína na pessoa de Jesus Cristo, podemos voltar a sonhar, sorrir, gerar, produzir, cantar, pregar, compor, escrever, pintar, esculpir e inspirar pessoas ao nosso redor. Verdadeiramente não há limites na vida de quem usa a sua fé.

Existem pessoas que concordam com a fé, mas não a usam em seu benefício próprio. Elas se alegram com a fé alheia, mas estão muito frustradas para acreditar que essa mesma fé pode ser eficaz em sua vida. Quem não tem fé recua, quem tem fé avança. Quem não tem fé desiste, quem tem fé persiste. Quem não tem fé se isola, quem tem fé abraça. Quem abre os braços para abraçar também se coloca à disposição da cura que Deus quer ministrar. Todas as vezes que Deus quer curar uma pessoa, ela usa outra pessoa. O Espírito Santo habita em pessoas. Em minha busca por cura emocional eu me abri a inúmeros abraços e histórias de superação. Cada história que ouvi se tornou para mim uma fonte de inspiração no meu processo. Algumas delas eu separei para compartilhar com vocês nessa jornada que vamos percorrer juntas. Assim, teremos ferramentas para seguir em frente, contando as nossas próprias histórias e curando outras vidas.

Este não é um livro sobre a dor que eu vivi, mas sobre a dor que eu venci. Espero que você se identifique com cada palavra que o Espírito Santo usou para ministrar ao meu coração nesse período, e que também seja incentivada a desejar a cura, que é o começo para se viver uma grande história de superação e vitória. Nesta vida, sempre vamos

INTRODUÇÃO

nos deparar com desafios. Minha proposta é que você, mulher tão preciosa, seja capaz de encarar cada um deles com os olhos da fé. Somente a fé nos faz querer viver apesar das desilusões, decepções, frustrações, perdas e dores inevitáveis do caminho que temos que percorrer. Mas você é mulher, e Deus a dotou de habilidades que fazem de você quem você é. Aquilo que lhe falta, não se preocupe, porque Deus tem.

Coloque o pé que Deus coloca o chão. Que o Senhor se revele a você de uma forma sobrenatural nesse tempo. Esta é a minha sincera oração.

EYSHILA SANTOS

PARTE UM

CAMINHO

"Alegrem-se sempre. Orem continuamente. Deem graças em todas as circunstâncias, pois essa é a vontade de Deus para vocês em Cristo Jesus."

1TESSALONICENSES 5.16-18

Capítulo um

A mulher dos tempos atuais

Diz a lenda que um homem possuía dois vasos. Um era bem velho, ultrapassado e cheio de rachaduras. O outro era novinho, intacto e em perfeito estado. Todos os dias aquele homem percorria um caminho carregando os dois vasos cheios de água. Porém, o vaso velho e rachado chegava do outro lado praticamente vazio, porque a água que ele continha vazava pelas suas rachaduras. Ao contrário, o vaso novo chegava do outro lado contendo cada gota que foi depositada nele no início do caminho. Um dia, o vaso velho, frustrado com o fracasso da sua missão diária, disse ao seu senhor: "Mestre, todos os dias somos carregados em seus ombros, eu e o vaso novo, um de cada lado. Ambos têm uma missão: transportar água até o outro lado. Porém, vejo que não tenho conseguido atender às suas expectativas. A água depositada em mim não tem chegado ao outro lado do caminho. Sendo assim, coloco-me à sua disposição para ser descartado."

Aquele homem imediatamente respondeu: "Nem pensar! Aqui nessa casa não há nada descartável. O vaso novo e o vaso velho me são úteis. Sabe essas rachaduras que você tem? Percebi que a água vazava por elas, porém esta mesma água regava o caminho por onde eu passava. No lugar da terra seca que outrora arranhava meus pés cansados, nascia grama macia e fresca. No lugar de um cenário desértico e caótico, flores começaram a brotar. Por causa da água que vazou, o caminho melhorou. Portanto, não há o que lamentar. Não há necessidade de comparação. Enquanto o vaso novo transportava intacta a água que eu depositei nele, você regava o caminho por onde eu passava, embelezando, trazendo sombra e tornando muito mais bela e minha caminhada."

Nesta vida, não importa a idade do vaso, mas sim a sua função. Seja um vaso novo, recém-inaugurado, lindo e moderno, ou um vaso antigo, rachado e aparentemente ultrapassado, Deus jamais vai descartar você, mulher. Esteja pronta a ser utilizada pelo Senhor naquilo que ele lhe propõe. Ele não descarta seus vasos, mas os reinventa.

Deus jamais vai descartar você.

Ser mulher é uma dádiva e, ao mesmo tempo, um desafio. Quando Deus criou a mulher e disse que ela seria uma auxiliadora idônea, Ele a dotou de uma capacidade de solucionar problemas aparentemente impossíveis. Acontece que aquilo que beira a impossibilidade é combustível na mão de uma mulher desbravadora.

Não foi à toa que Deus a chamou originalmente de auxiliadora, no original, Ezer, cujo significado é "alguém que auxilia o outro na hora da batalha [dar uma assistência][1]; encorajadora". Esses atributos são dedicados ao próprio Espírito Santo. Que eu saiba, não há nada de pejorativo em se parecer com o próprio Deus. Ele não nos fez subalternas, mas aliadas. Ele não nos fez inimigas, mas parceiras do homem. Deus nos criou para somar, não para subtrair ou dividir.

> *Então o* Senhor *Deus declarou: "Não é bom que o homem esteja só; farei para ele alguém que o auxilie e lhe corresponda"* (Gn 2.18).

---

[1][NE]: Merkh, David. *Comentário lar, família & casamento*. São Paulo: Hagnos, 2019, p. 55, nota 11.

Desde a fundação do mundo, a mulher foi considerada por Deus como solucionadora de problemas insolúveis. Deus a dotou de uma visão privilegiada sobre os fatos que a cercam, aquilo que as pessoas chamam de sexto sentido, mas na verdade não passa de sensibilidade aguçada para enxergar não apenas com os olhos naturais, mas também com os do coração.

Muito tem se falado sobre empoderamento feminino. Esta geração, alimentada fartamente por uma mídia tendenciosa e cumpridora de uma agenda maligna e cruel gerada no inferno, tem imposto à mulher uma responsabilidade covarde, em vista daquela que Deus planejou. Apesar de multifuncional, a mulher dos tempos atuais não tem dado conta da cobrança que lhe tem sido imposta. Vivemos a era da comparação e da exposição exagerada, trazendo sobre os ombros das mais inseguras o peso de serem iguais ou melhores do que as outras. Temos visto uma geração de mulheres que se importam mais com os *likes* que recebem na internet do que com os abraços daqueles que verdadeiramente as amam. São mulheres que deixam de ser protagonistas da sua própria vida porque precisam viver uma vida que não é sua. Afinal, tudo o que importa é a aprovação da maioria.

Essa dependência emocional de aprovação tem ocasionado inúmeras síndromes e paralisado o potencial de muitas auxiliadoras, geradas com propósito e chamadas para fazerem diferença na sua geração.

Mulher, você foi convocada para uma guerra, mas não contra a carne ou sangue.

[...] *pois a nossa luta não é contra pessoas, mas contra os poderes e autoridades, contra os dominadores deste mundo de trevas, contra as forças espirituais do mal nas regiões celestiais* (Ef 6.12).

Você não é inimiga do homem, mas parceira dele. Você não é um erro de Deus, mas fruto do Seu propósito. Você é uma ideia brilhante de um Deus que a criou e depois se orgulhou de ter feito algo muito bom. Entenda a sua origem, o que você faz aqui e qual é o seu destino. Isso fará toda a diferença na sua história de vida.

O empoderamento no sentido de conscientização de que as mulheres devem assumir o seu papel na sociedade é algo positivo e saudável. Nem precisamos de um bom senso aguçado para concordar, por exemplo, que foi um grande avanço para a humanidade as mulheres terem conquistado o direito ao voto. No Brasil, isso aconteceu em 1932, no governo de Getúlio Vargas, mas somente para as casadas, viúvas e com renda própria. Em 1946, o voto feminino passou a ser obrigatório. Em 1985, até mesmo as mulheres analfabetas conquistaram o direito de votar. Desde então, têm sido inúmeros os avanços, e com os avanços também vieram os excessos, como o feminismo, que já foi uma deturpação do empoderamento. As feministas começaram no século 19, lutando pelos direitos de contrato, direitos de propriedades, direito ao voto, direito à integridade do seu corpo e, até aqui, tudo bem. Mas depois elas passaram a lutar pelo direito ao aborto, como se o feto fosse uma continuação do seu corpo, só que não é. O feto é um ser tão independente da mulher que ele escolhe até o dia do seu nascimento.

> *Os teus olhos viram o meu embrião; todos os dias determinados para mim foram escritos no teu livro antes de qualquer deles existir* (Sl 139.16).

Que fique bem claro que não foi o diabo quem empoderou a mulher, mas Deus, quando a chamou de "solucionadora de problemas que ninguém mais poderia resolver (Ezer)".

Diante de um cenário caótico de tristeza e fracasso, quando Eva, a primeira de todas nós, escolheu o fruto do conhecimento do bem e do mal, perdendo assim todo o jardim porque ousou usufruir de algo que Deus não lhe dera, o próprio Deus se dirige primeiro ao diabo dizendo:

Porei inimizade entre você e a mulher, entre a sua descendência e o descendente dela; este lhe ferirá a cabeça, e você lhe ferirá o calcanhar (Gn 3.15).

Aparentemente, Deus colocou Adão e Eva sobre uma terra que já era habitada, mas não dominada por satanás. Deus os "empoderou" com a habilidade de subjugá-la.

Deus os abençoou, e lhes disse: "Sejam férteis e multipliquem-se! Encham e subjuguem a terra! Dominem sobre os peixes do mar, sobre as aves do céu e sobre todos os animais que se movem pela terra" (Gn 1.28).

Até o dia do pecado original, o maligno rondava o nosso mundo, mas o mundo não jazia nele. Até que o pecado chegou, e com ele a legalidade de que satanás precisava para atuar com fúria sobre a humanidade que Deus criou.

Eva tinha poder para resistir ao pecado, mas também tinha a opção de experimentá-lo. E naquele momento de profunda vergonha e tristeza, mergulhada no seu próprio fracasso, Eva ouve de Deus a seguinte sentença misturada a uma promessa: "O diabo será o seu inimigo para sempre. Mas você vai gerar filhos, e um dia, um deles vai derrotar satanás."

Imagino o inferno se mobilizando para neutralizar os descendentes de Eva. Primeiro, usando a inveja de Caim para eliminar Abel. Pronto! Um estava morto, o outro era um assassino. Nenhum deles poderia destruir satanás. Imagino Eva tendo filhos e pensando: Qual deles será aquele que esmagará a cabeça da serpente? Creio que ela esperou que esse descendente se revelasse ainda nos seus dias, que, embora tenham sido muitos, não viram a chegada do Messias.

As filhas de Eva dos tempos atuais não são tão diferentes assim daquela que as gerou. Ainda queremos o que não temos, e temos a péssima mania de colocar o bedelho naquilo que Deus não nos deu. *Aqueles que insistem naquilo que Deus não deu acabam perdendo algo que já lhes pertencia.*

A mulher original era feliz com o que tinha, porque usufruía da presença constante de Deus no seu jardim. A mulher atual corre tanto no seu dia a dia, que não percebe que Deus está presente. A mulher original conversava com Deus todos os dias ao cair da tarde. A mulher atual vê o seu dia passar, e quando anoitece nem percebeu que o dia acabou e não houve um diálogo, um momento de comunhão com o seu Deus e Senhor.

Já imaginou um mundo no qual a tristeza é uma utopia e a felicidade uma realidade constante, quase palpável, de tão concreta? Assim vivia Eva no jardim.

E se eu disser a você que esse jardim ainda existe? E se eu disser a você que em Cristo Jesus fomos reposicionadas em seu jardim particular outra vez, um lugar espiritual que nos transporta de um mundo de total desespero e frustração para o centro do seu coração?

Esse jardim existe, e Jesus conquistou o nosso livre acesso a ele. Na verdade, esse jardim foi regado com o sangue que vazou de suas rachaduras. Não há mais nada que nos impeça de usufruir da presença gloriosa desse Deus cujo perfume exala por todos os cantos desse lugar, regado e pavimentado por Ele.

Agora a nossa alegria é possível outra vez, a despeito das perdas, dores e fracassos. Quando o apóstolo Paulo divinamente inspirado nos escreveu: "Alegrem-se", estava sendo impelido pelo próprio Deus a nos encorajar a uma prática que Jesus tornou possível outra vez.

A mulher dos tempos atuais não precisa mais ser como ninguém. Ela só precisa saber quem ela é em Deus, e nessa verdade se alegrar.

A mulher dos tempos atuais não precisa entrar nessa corrida frenética por aprovação, na medida em que ela já tem certeza do amor do Pai. Uma mulher verdadeiramente empoderada é uma mulher segura do amor de Deus. *Não há mulher mais empoderada do que uma mulher amada.*

Uma mulher verdadeiramente empoderada é uma mulher segura do amor de Deus.

Querida mulher moderna, saiba que a presença de Deus combina perfeitamente com a atualidade. Deus não está fora de moda, muito menos ultrapassado em seu conceito de felicidade. Ele foi, é e sempre será o motivo da nossa alegria, a beleza que enfeita a vida e o bom cheiro que perfuma o nosso jardim.

Podemos ser modernas e santas. Podemos ser ousadas e graciosas. Podemos ser inteligentes e sensatas. Podemos ser felizes e realizadas apesar de tudo o que somos ou não somos, apesar do que temos e até do que perdemos.

Podemos ser vasos brilhantes e novos, ou antigos e rachados, mas nunca seremos descartáveis. Quem pode descartar os vasos que Deus escolheu usar?

O que define o verdadeiro sucesso de uma mulher atual não é o quanto ela conquistou, mas o quanto ela suportou e as dores que ela superou.

Aguente firme, mulher moderna! Você chegou tão longe! E isso é apenas o começo do que Deus é capaz de fazer na vida de uma mulher de fé. Siga em frente, mulher dos tempos atuais. Siga pelo caminho que Deus traçou. Um novo e vivo caminho marcado pelo sangue de Jesus, o Filho perfeito de Eva, o Salvador da humanidade, Aquele que não somente nos apresentou um caminho alternativo, mas se autodenominou o Caminho, a Verdade e a Vida.

Esse Caminho também é para você. Entre por ele e alegre-se, mulher dos tempos atuais.

Se você foi escolhida para carregar cada gota de água dentro de si a fim de saciar a sede de quem está ali do outro lado do caminho, ou se foi separada para regar o percurso com suas lágrimas, o importante é que o dono dos vasos, Aquele que não a descartou apesar de suas rachaduras, está disposto a caminhar com você até o outro lado. Então, alegre-se nisso, mulher! Seja grata por isso, pelo privilégio de fazer parte dos propósitos eternos de Deus.

Você não é um vaso descartável. Deus conta com você no caminho.

CAPÍTULO DOIS

A importância
da oração

Quando descobri que estava grávida pela primeira vez, foi assustador e, ao mesmo tempo, maravilhoso. Não havíamos programado, mas ficamos felizes. Naquela época eu havia acabado de lançar o cd *Tira-me do vale*, após um período bem conturbado em meu casamento. Esse período foi superado quando Deus, em sua infinita misericórdia, fez uma obra completa de libertação na vida do meu marido que estava há anos escravizado pelas drogas. Hoje, para a glória de Deus, Odilon é pastor.

Estávamos, finalmente, vivendo a nossa lua de mel. Lembro que eu estava sentindo muitas náuseas, mas achava que era por causa da longa viagem a Los Angeles, a primeira viagem internacional da minha vida. Na época eu também participava de um grupo chamado Voices, formado por Marina de Oliveira, Fernanda Brum, Liz Lanne (minha mana) e Jozyanne. Anos mais tarde, Lilian Azevedo se uniria a nós. Estávamos juntas lançando um cd espanhol no *International Dream Center*, em Los Angeles, participando de um projeto missionário desenvolvido naquela cidade pelo então pastor Tommy Barnet. Que tempo precioso! A distância, o fuso horário e a comida diferente, pensava eu, eram a razão dos meus constantes enjoos. Ah, também tinha o perfume novo da Fernanda Brum. Pensem em um perfume forte! O dela era infinitamente mais. Ela não sabia, mas eu queria vomitar cada vez que ela

A IMPORTÂNCIA DA ORAÇÃO

se aproximava com aquele cheiro. E, como se não bastasse o perfume, ela comprou o creme, a loção, o shampoo e toda a linha da mesma marca. Assim não há melhor amiga que aguente.

Enfim, foi a própria Fernanda quem decidiu comprar um teste de farmácia para conferir se eu estava grávida. Ela desconfiou das minhas náuseas, e tudo o que eu queria era sumir com aquele perfume. Socorro!

Éramos todas muito jovens e inexperientes. Só a Marina era mãe, mas ela não estava presente naquele momento. Fernanda pegou o teste de gravidez com o manual em inglês e colocou na minha mão com uma ordem: "Cuidado para não despejar urina no lugar errado. Isso pode neutralizar o teste e eu só comprei um. Você está muito enjoada. Só pode estar grávida."

Eu estava tão enjoada que fiz o teste intuitivamente, sem ler a bula, sem prestar atenção. O resultado? Neutralizei o teste. Perdemos a oportunidade de saber a verdade sobre as náuseas. Decidimos seguir viagem e esperar pelo exame de sangue no Brasil. As náuseas continuavam, o perfume da Fernanda (que hoje, graças a Deus, já saiu de linha) também. O que você não suporta para ficar perto da sua melhor amiga...

Quando chegamos ao Brasil, eu fiz o exame de sangue e constatei o que já era praticamente uma certeza: eu estava grávida.

Foi uma mistura de euforia com insegurança. Uma alegria misturada com a incerteza de como seria encarar o desafio da maternidade. Começaram os preparativos para receber o bebê. Após 38 semanas, o Matheus resolveu nascer, uma semana antes do que estávamos esperando. No momento em que a bolsa rompeu, eu chamei o meu marido, que deu um pulo da cama dizendo que eu deveria ficar calma. E eu estava calma, até que começaram as dores. A bolsa estourou por volta das 7 da manhã. Liguei para a minha médica, passei no consultório dela para ser examinada e fui encaminhada à maternidade, porém no caminho as contrações começaram com intervalos muito curtos. O parto seria cesariano por recomendação médica, já que o meu filho estava completamente enrolado no cordão umbilical. Mas o Matheus não quis esperar. Por volta das 9 horas, eu estava com tantas dores que pedi a Fernanda para parar de filmar e começar a orar. Era insuportável, uma dor que eu não sabia onde começava ou terminava. Hoje eu me arrependo de não ter filmado o exato momento em que a Fernanda, aproveitando que meu marido havia ido à recepção saber notícias da médica que não chegava, colocou uma mão na minha barriga, a outra nas costas e fez a seguinte oração junto com a minha irmã Liz Lanne: "Querido Deus e Pai, eu sei que Eva pecou. Mas também sei que Jesus levou sobre si todas as nossas dores. Será que o Senhor poderia abreviar e amenizar a dor da minha amiga nesse momento? Eu suplico em nome de Jesus". Nunca na minha vida eu vi uma oração ser respondida tão imediatamente.

Naquele mesmo instante a obstetra de plantão, que era casada com o dono da maternidade, entrou porta adentro dizendo que iria me examinar porque a minha médica estava agendada para chegar ao meio-dia, mas, se o nível de dor que eu dizia ter não fosse fruto da minha ansiedade e insegurança, algo estava errado com o horário desse parto. Eu lhe respondi que, apesar da minha experiência inexistente, eu tinha certeza de que o meu bebê estava nascendo.

Ela me encarou com aquele olhar de quem achava que eu era mãe de primeira viagem apavorada (e eu era mesmo) e me disse: "Fique calma, tudo vai dar certo. Você deve estar nervosa. Vou examinar você para a tranquilizar". Imediatamente eu a ouvi convocando todos os médicos e enfermeiros de plantão para um parto de emergência, porque o bebê já estava coroando. Ou seja, eu estava dando à luz sozinha, e ninguém acreditava nas minhas dores. Existem dores na vida que são exatamente assim: até mesmo os mais experientes e próximos a você duvidam da sua intensidade, até que resolvemos orar, então entra em ação Aquele que não somente acredita nas nossas dores, mas também as dissipa. Jesus é Aquele que nos capacita a suportar e superar cada dor que a vida nos impõe. Muitas dores não podem ser impedidas, mas podem ser suportadas e até mesmo amenizadas, com a graça de Deus e através do poder da oração.

Jesus é aquele que nos capacita a suportar e superar cada dor que a vida nos impõe.

Achei que seria um parto sem dor. Escolhi um parto sem dor, até marquei a data que eu queria que meu filho nascesse, 7 de julho. Mas ele nasceu dia 4, por volta das 10 da manhã, de parto normal. Nasceu lindo e saudável, ao som de uma canção entoada pela Fernanda Brum:

> *Sobre tua vida vou profetizar*
> *nenhuma maldição te alcançará.*
> *Sei que Deus tem pra ti*
> *um manancial cujas águas nunca faltarão.*

Deus me deu graça e me fez suportar aquela que eu pensava ser uma dor insuportável. Todos choravam, até os médicos e enfermeiros. Eu nunca havia sentido uma alegria tão grande como aquela. Naquele momento, tive a certeza de que eu era muito poderosa. Eu poderia suportar qualquer coisa na vida para defender aquela criança que estava sob meus cuidados. A sensação que eu tinha era a de que eu poderia me levantar daquela cama e carregar um caminhão nas minhas costas se fosse preciso. Eu estava fraca no corpo, mas meu espírito não teve tempo de receber esse recado. Acho que ser mãe é isso. A carne, às vezes, enfraquece, mas o espírito nem percebe.

Três meses depois eu estava grávida de novo. Fiquei apavorada e, ao mesmo tempo, emocionada com a possibilidade de ter dois filhos tão próximos, um por ano. Nessa época, eu estava gravando o meu segundo cd, *Mais doce que o mel.* Foi um tempo de mel em nossa vida, um tempo de doçura, de refrigério. Deus abriu o céu, abriu a madre e abriu as comportas. Foi um tempo de crescimento, fortalecimento e prosperidade para nós, que já havíamos experimentado tantos desertos em tão tenra idade.

Aos 27 anos, eu era mãe de dois meninos, Matheus e Lucas. Escolhi esses nomes pelos seus significados. Matheus significa presente, dádiva de Deus. Lucas quer dizer iluminado, aquele que emana luz. Os dois foram os maiores presentes que Deus já me concedeu nesta vida.

Porém, mesmo amando meus filhos e sendo grata a Deus pelo privilégio de ser mãe, eu me vi no meio de um turbilhão de responsabilidades que me sugavam a ponto de eu me sentir completamente impotente e incapaz. Olhava para meus filhos e pensava: "Deus, como eles vão conseguir sobreviver com uma mãe como eu? Como eu vou dar conta?" Fico pensando se todas as mães se sentem assim como eu me sentia. Eu já tinha uma agenda bem cheia. O cd estava alcançando o Brasil, algo que era promessa de Deus em nossa vida, e eu me vi completamente perdida no meio de toda aquela pressão que era a maternidade e as obrigações que eu tinha com a minha agenda de cantora viajando pelo Brasil e até por outros países. Entrei em crise existencial e quis cancelar meu contrato com a gravadora, já que minha prioridade era ser mãe.

*Não existe realização em uma
vida pobre de oração.*

Deus nos enviou uma pessoa muito especial que morou em nossa casa nos primeiros anos de vida dos meus filhos, e eu pude então, depois de algum tempo, reassumir a minha agenda sabendo que eles estavam sendo bem nutridos, bem tratados e amados. Além disso, eu também contava sempre com o auxílio da minha supermãe. Tenho certeza de que ela tem superpoderes! Muitas vezes viajei chorando. Perdi alguns momentos especiais na vida dos meus filhos, como o nascimento do primeiro dentinho ou os primeiros passinhos. Mas Deus me deu graça. Deus sempre nos dá um escape nos tempos de incerteza. Desde muito nova, aprendi a me comportar em um ambiente de muita pressão e muita demanda. Precisava ser mãe, esposa, cantora, pregadora, produtora vocal, compositora, integrante de um grupo, o Voices, que exigia bastante dedicação e ensaios, e ainda tinha de administrar tempo de qualidade em família. De repente eu me vi imersa em inúmeras atividades, desempenhando os meus papéis com excelência, mas com uma vida de oração medíocre. Isso me gerou uma imensa insatisfação.

Procurei a minha sogra, Maria Leal Santos, mulher de Deus, mãe de onze filhos, e lhe perguntei como ela conseguia ser uma mulher de oração no meio de um turbilhão de atividades. Eu estava completamente perdida com apenas dois filhos. Ela me olhou com aquele olhar de amor e misericórdia — era como uma segunda mãe — e me disse: "Filha, agora é que você vai compreender o verdadeiro significado do que a Bíblia nos ensina quando diz em 1Tessalonicenses 5.17: *Orem continuamente*."

A ORAÇÃO DE UMA MULHER DE FÉ É PODEROSA E EFICAZ

Quando a nossa oração não muda nosso contexto, algo vai mudar, nem que seja o nosso coração. Impossível passar um tempo conversando com Deus e permanecer igual. Jesus nos diz em Mateus 6.6 que, quando falamos com Deus em secreto, o nosso Pai que vê em secreto nos recompensará.

Existe uma recompensa para quem ora. Orar é conversar com Deus. Um diálogo requer que falemos e que escutemos. Não existe relacionamento sem comunicação. Mostre-me um casamento sem diálogo e eu vou lhe mostrar duas pessoas frustradas e vazias nessa mesma relação. Amigos que não conversam, que não trocam ideias e até segredos, não podem ser chamados de amigos. No Éden, Deus se encontrava com Adão e Eva, as primícias da Sua Criação, diariamente, na viração do dia. Desde a fundação do mundo Deus estabeleceu o diálogo como uma prioridade para o sucesso do nosso relacionamento com Ele. Muitas vezes tudo de que precisamos é estar em silêncio diante do Senhor, permitindo que o Seu Espírito ministre Sua paz e Sua direção ao nosso coração. Por isso o apóstolo Paulo nos adverte em sua carta aos filipenses:

Não andem ansiosos por coisa alguma, mas em tudo, pela oração e súplicas, e com ação de graças, apresentem seus pedidos a Deus. E a paz de Deus, que excede todo o entendimento, guardará os seus corações e as suas mentes em Cristo Jesus (Fp 4.6-7).

A verdadeira paz é algo que jamais faltará na vida de mulheres que oram.

Orar não é passar um tempo dando orientações a Deus, como se ele não soubesse o que fazer conosco, ou como se pudéssemos fazer melhor que ele. Orar não é apenas apresentar a Deus a nossa lista de milagres desejados, embora não estejamos proibidos de pedir.

> *Peçam, e lhes será dado; busquem, e encontrarão; batam, e a porta lhes será aberta. Pois todo o que pede, recebe; o que busca, encontra; e àquele que bate, a porta será aberta* (Mt 7.7-8).

Não é proibido pedir. Mas você já se imaginou dentro de um relacionamento no qual a única motivação da outra pessoa para falar ou mesmo para estar com você é aquilo que você tem para lhe oferecer? Isso é qualquer coisa, menos relacionamento. Isso é um jogo no qual só um quer tirar vantagens, sem se importar com o que o outro pensa ou sente. Isso se parece muito mais com um ringue no qual alguém precisa ganhar e o outro, perder. Só na medida em que vivemos uma vida de oração percebemos que a presença de Deus é algo indispensável, insubstituível e inegociável.

> *Alegrem-se na esperança, sejam pacientes na tribulação, perseverem na oração* (Rm 12.12).

Vemos mais uma vez o apóstolo Paulo nos advertindo sobre a importância da oração. Percebemos que a alegria na esperança e a paciência na tribulação precedem uma vida de perseverança na oração. A oração nos traz equilíbrio nos momentos mais tenebrosos da nossa existência. Nossas crises são amenizadas quando são regadas por uma vida de devoção e oração.

Um cristão não sobrevive sem uma vida dedicada à oração.

A oração não é, nem mesmo de longe, uma tarefa árdua e exaustiva. Não foi um castigo que Deus nos deixou, mas uma honra e um privilégio que ele nos outorgou.

> O Senhor detesta o sacrifício dos ímpios, mas a oração do justo o agrada (Pv 15.8).

Sugiro que você decore alguns desses versículos, minha querida amiga e mulher de oração.

Cole um papel no espelho do seu banheiro e leia todos os dias enquanto escova os dentes, penteia o cabelo ou se maquia. Você será fortalecida à medida que passar a acreditar no quanto Deus deseja que você estabeleça com ele um relacionamento no qual haja constante comunicação através de uma vida de oração, não somente nos momentos de dor e necessidade, mas também na virada dos dias que deram certo. Aqueles dias mais felizes no jardim da sua existência, quando tudo floresce ao seu redor.

Que sejam muitos os dias floridos da sua vida! O responsável pelas flores também quer a satisfação de ver nos nossos olhos a alegria da vitória e do contentamento. Ele sabe, mas Ele quer ouvir da nossa própria boca palavras de alegria e gratidão. Isso é relacionamento. Isso é vida de oração.

> Seja a minha oração como incenso diante de ti, e o levantar das minhas mãos, como a oferta da tarde (Sl 141.2).

Que a nossa oração seja assim: pela manhã, um perfume. Ao anoitecer, uma oferta. Amém!

CAPÍTULO TRÊS

Lágrimas no altar

Por que orar, às vezes, é tão difícil?

A melhor maneira de se entender com a oração é praticando. Orar não é uma opção na vida de quem almeja intimidade com Deus. É a única alternativa. Não existe possibilidade de relacionamento com Deus se não investirmos tempo em sua presença, adorando o seu nome, reconhecendo sua grandeza, apresentando-lhe nossas necessidades, reconhecendo sua soberania, mostrando arrependimento pelos nossos pecados, sendo perdoados na medida em que os confessamos.

Se confessarmos os nossos pecados, ele é fiel e justo para perdoar os nossos pecados e nos purificar de toda injustiça (1Jo 1.9).

A oração não deve ser apenas um subterfúgio na hora do desespero, mas um hábito diário e corriqueiro. Não há crescimento espiritual sem oração habitual. Não há poder liberado sem um coração quebrantado. Não há cadeias quebradas sem lágrimas derramadas. Não há vitória ministerial sem persistência no nosso devocional secreto. Não podemos ostentar publicamente aquilo que não somos secretamente. Só seremos poderosos diante do mundo das trevas se formos dependentes de Deus dentro das quatro paredes do nosso quarto. Orar não é uma árdua tarefa deixada por Jesus como castigo para os crentes. Tampouco é um conjunto de rezas para serem decoradas como um mantra quando cometemos deslizes ou estamos com medo. Orar é um privilégio, uma dádiva do próprio Deus ao homem. Que outro Deus pode se relacionar com seus filhos como faz o nosso Senhor, através da pessoa do Espírito Santo? Que outro Deus morreu e ao terceiro dia ressuscitou, e está ao lado direito de Deus intercedendo por nós?

Que outro Deus morreu e ao terceiro dia ressuscitou, e está ao lado direito de Deus intercedendo por nós?

Quem os condenará? Foi Cristo Jesus que morreu; e mais, que ressuscitou e está à direita de Deus, e também intercede por nós (Rm 8.34).

Orar é desfrutar de um momento prazeroso com o Criador do universo, que também é o nosso Pai.

Vocês, orem assim: "Pai nosso, que estás nos céus! Santificado seja o teu nome" (Mt 6.9).

Orar não é para os que não têm o que fazer, mas para os que têm o poder de escolher.

Jesus orava constantemente. Sim, Ele nos deixou a famosa oração do "Pai Nosso" como modelo de inspiração, não como um texto para ser recitado de forma mecânica.

A oração é o combustível do crente. A oração da fé salvará o doente. A oração estabelece um relacionamento íntimo e pessoal com Deus, sendo a base de uma vida vitoriosa.

Quando falo em vida vitoriosa, não falo em vida livre de adversidades, mas em uma vida de paz apesar das tempestades.

Desde muito cedo em minha vida adquiri o costume de orar. Primeiro com meus pais. Uma das lembranças mais lindas que tenho da minha infância é dos dois de joelhos à beira da cama, orando e adorando ao Senhor, e nos ensinando, a mim e a meus irmãos, a fazermos o mesmo. Um hábito que adquiri na minha adolescência foi o de anotar minhas orações em cadernos. Tenho vários diários de oração guardados comigo. De vez em quando gosto de relê-los para ser edificada em minha fé ao enumerar a quantidade enorme de vezes nas quais Deus me atendeu em causas que pareciam impossíveis. Percebo as mudanças que ocorreram em mim, na minha forma de ver a vida, as coisas que eu costumava valorizar e hoje não mais valorizo. Outras que eu não valorizava e hoje viraram prioridade. Incentivo cada mulher a fazer o seu devocional diário com pelo menos cinco itens:

1. A Bíblia sagrada;
2. um caderno de anotações;
3. lápis ou caneta;
4. um livro de sua escolha para ler depois de ter meditado na Palavra de Deus;
5. uma caixa de lenços de papel.

A Bíblia é indispensável por ser a inerrante palavra de Deus. Ela é a bússola que nos guia pelas nossas vagueações e incertezas. Ela é a palavra infalível, totalmente inspirada por Deus do começo ao fim.

Você vai precisar também de caderno e lápis (ou caneta) para anotar cada frase ou texto que o Espírito Santo soprar em seu coração. Procure ler livros, muitos livros, quantos você puder. Há livros que a gente gosta de ler, outros que a gente precisa vencer. Tenha isso em mente. Só abandone um livro se ele abandonar você primeiro. Quando é que um livro nos abandona? Quando percebemos que ele não edifica, não instrui nem acrescenta nada a nosso tesouro intelectual ou emocional. Se um livro só serve para sugar você, troque por outro. Afinal, o único livro que precisa permanecer ao nosso lado até que a morte nos separe, assim como nosso marido, é a Bíblia sagrada.

Escolha autores de confiança, comprometidos com a verdade da Palavra de Deus, que não distorçam a Palavra com heresias ou baboseiras. Procure autores que inspirem. A fé vem pelo ouvir, e o ouvir pela Palavra de Deus, mas a incredulidade também chega através do que lemos ou absorvemos no nosso dia a dia. Uma literatura ruim e equivocada em sua visão da vida pode desconstruir um conceito verdadeiro, substituindo-o por um modo de pensar nocivo e mentiroso. Temos muito lixo literário sendo vendido, às vezes até por preços elevados. E pasmem: as pessoas pagam. Pessoas até bem-intencionadas. Depois de uma boa leitura devocional da Palavra de Deus e de um bom livro, com direito a diário de anotações e orações registradas como um memorial diante de Deus, prepare-se para se derramar em Sua presença. Chegou o melhor da festa: o momento de oração.

Vale adorar, sorrir, enaltecer ao Senhor, contar seus segredos e celebrar. Também vale pedir perdão, abrir o coração, quebrantar-se, render-se completamente. Vale até mesmo chorar. Precisamos de mais lágrimas e menos listas em nossas orações. Precisamos de mais quebrantamento e menos questionamento. Mais dependência e menos arrogância.

> *Registra, tu mesmo, o meu lamento; recolhe as minhas lágrimas em teu odre; acaso não estão anotadas em teu livro?* (Sl 56.8)

Você pode ter um caderno com o registro de suas orações, mas já parou para pensar que Deus também tem um livro de registros das nossas lágrimas, assim como um recipiente no qual elas são depositadas? Isso me diz que nenhuma de minhas lágrimas pode ser desperdiçada. Não há história vivida por mim, seja boa ou ruim, que Deus não tenha registrado em seu livro. Posso não saber as razões ou os motivos das minhas lágrimas, mas Deus sabe. Ele tem tudo muito bem catalogado.

> *Lágrimas rolam enquanto Deus trabalha em nós*
> *Lágrimas rolam, enquanto ouvimos sua voz*
> *Lágrimas limpam as impurezas do coração*
> *E purificam, trazendo, do Senhor o perdão*

Ele jamais desprezará a um contrito coração
Que se quebranta e se rende em oração
O choro pode até durar
A noite inteira
Mas amanhã de manhã a alegria vai chegar
Eu tenho certeza...
Ele enxugará do meu olhar toda lágrima
Cada vez que eu choro, eu vou semeando vitória
Ele enxugará do meu olhar toda lágrima
Eu vou semear chorando
Mas vou retornar cantando
Pois eu creio em um Deus que pode enxugar
Cada lágrima do meu olhar

Eyshila, *Enquanto Deus trabalha*

O primeiro livro do profeta Samuel conta a história de Ana, mulher preferida de Elcana. Ele tinha duas mulheres, Ana e Penina. Penina podia ter filhos, mas Ana era estéril. Ana era uma mulher realizada por ser amada por seu marido, mas profundamente frustrada por não poder lhe dar filhos. Para completar, Penina, a outra mulher de Elcana, que não era a preferida, aproveitava para fazer aquela famosa brincadeira que usamos quando queremos gerar inveja em alguém: "Eu tenho, você não tem!" Penina era do tipo provocadora insistente, debochada, e Ana entrava no jogo dela.

Ana vivia amargurada, não se alimentava direito e só chorava. Um quadro nítido de depressão. Uma incapacidade visível de superação.

Imagino que Ana já estava em um nível de dor tão alto que ela preferiria não mais viver, só para não precisar encarar a própria realidade.

Uma mulher estéril naquele tempo estava fadada a ser uma viúva solitária e desprotegida. Uma mulher estéril, nos tempos de Ana, levantava a suspeita de que Deus a estava punindo por algo muito grave. Enquanto uma mulher casada não engravidasse, ela se tornava motivo de opróbrio e vergonha pública. Elcana chegava a ofertar a Deus uma porção dupla em favor de Ana, pelo tanto que a amava. Mas apenas o amor do seu marido não preenchia o vazio do seu coração. Ela precisava de mais. Ela queria muito mais. Ela ansiava por um milagre.

Até que um dia, com a alma amargurada e angustiada, Ana chorou muito e orou ao Senhor.

Nossas lágrimas geram algo no mundo espiritual. Se a fala é uma expressão do que há em nossa mente, o choro é uma expressão do que há em nosso espírito. Aquela parte invisível que veio de Deus e voltará para Ele. A parte inexprimível do nosso ser, que só Deus consegue compreender e decifrar. A parte que se comunica com o Eterno e o sobrenatural.

> Da mesma forma o Espírito nos ajuda em nossa fraqueza, pois não sabemos como orar, mas o próprio Espírito intercede por nós com gemidos inexprimíveis. E aquele que sonda os corações conhece a intenção do Espírito, porque o Espírito intercede pelos santos de acordo com a vontade de Deus (Rm 8.26-27).

Ana fez ali uma oração longa ao Senhor. Ela orava em espírito. Não emitia som, só movia seus lábios e chorava. Ana chorava tanto que Eli, o sacerdote, pensou que ela estivesse bêbada. Existem bêbados que fazem palhaçada, outros que dormem e outros que choram. Você já viu alguém embriagado a esse ponto? Eu já tive o desprazer de ver.

> Ele se dirigiu a Ana e disse: "Até quando você continuará embriagada? Abandone esse vinho! Pare de beber, mulher!" Ana respondeu: "Não se trata disso, meu senhor. Sou uma mulher muito angustiada. Não bebi vinho nem bebida fermentada; eu estava derramando minha alma diante do Senhor" (1Sm 1.14-15).

E acrescentou:

"Não julgues tua serva uma mulher vadia; estou orando aqui até agora por causa de minha grande angústia e tristeza" (1Sm 1.16).

Lágrimas são geradas em tempo de angústia e tristeza. Porém, infelizmente, nem todos ao nosso redor têm a capacidade de interpretá-las de maneira justa e adequada.

Não espere que todos compreendam suas lágrimas, a menos que tenham vivido a sua dor. Não espere que todos chorem com você, a menos que tenham compaixão, mas isso não é uma qualidade presente em todo ser humano. Você já tem suas lágrimas, então deixe que elas lhe façam companhia nos momentos necessários. Saiba, porém, onde depositá-las. Se Deus não as desperdiça, por que você o fará?

Ano após ano, Ana chorava em vão. Triste, vazia em seu ventre, complexada, afrontada pela rival, humilhada, frustrada e angustiada. Cada vez que o seu período menstrual começava, sangrava também o seu coração. Até que um dia ela entrou no templo e depositou suas lágrimas no lugar certo: o altar do Senhor.

A presença de Deus é o melhor recipiente para armazenarmos as nossas lágrimas. Acredite, de lágrimas eu entendo.

A presença de Deus é poderosa para enxugar suas lágrimas.

Aos 14 dias do mês de junho de 2016, quando o meu filho primogênito Matheus estava a um mês de completar 18 anos, Deus o levou para a eternidade. Foi o dia mais triste de toda a minha vida. Não posso explicar o vazio de uma mãe que enterra seu filho. É uma dor que dilacera a alma. Vontade de trocar de lugar com ele, só para não viver o drama daquela brusca separação. Foram dias de muitas, muitas lágrimas coletivas naquele hospital. Nessa hora, nossa teologia escorre pelos nossos dedos, esquecemos os versículos que decoramos e não existem palavras ou explicações que consigam amenizar a agonia desse tempo tão cruel.

Não pretendo reviver aqui neste livro cada momento de dor que eu vivi, mas eventualmente você vai poder caminhar comigo pelos desertos que eu venci. Não pretendo impor a vocês, leitoras, as minhas lágrimas, mas gostaria que vocês compreendessem o quanto a presença de Deus é poderosa para enxugar as suas. No dia 14 de junho de 2016, enquanto eu, minha família e alguns amigos estávamos na sala de oração do hospital cantando uma canção de adoração a Deus, recebemos a notícia que nenhuma mãe ou pai deseja receber: "Seu filho se foi".

> Ao Único que é digno de receber
> a honra e a glória, a força e o poder
> Ao Rei eterno, imortal, invisível, mas real,
> a Ele ministramos o louvor
> Coroamos a ti, ó Rei Jesus
> Coroamos a ti, ó Rei Jesus
> Adoramos o teu nome
> Nos rendemos aos teus pés
> Consagramos todo o nosso ser a ti.

Naquele momento, as lágrimas aumentaram de volume, e minhas orações mudaram de direção. Em vez de pedir que Deus ressuscitasse o meu filho, passei a pedir que Deus ressuscitasse a mim, porque de certa forma eu também me senti morta. Morta em minha frustração, morta em meus sonhos, morta em minha perspectiva de vida, morta em minha decepção, morta em minha maternidade. Assim como dar à luz um filho produz a maior das realizações, enterrá-lo produz a maior de todas as frustrações.

Não existe vitória sobre o luto se nossas lágrimas não forem derramadas no altar de Deus. Se temos de chorar, e nesta vida não há como evitar, que seja no altar. Antes que aquele mar de lágrimas me afogasse de vez, resolvi me agarrar em Jesus. Eu havia perdido as minhas forças, mas não havia perdido a minha fé.

Meu corpo estava esgotado pelos dias de busca intensa que passamos ali naquele hospital, esperando que o impossível acontecesse, mas meu espírito estava pronto para seguir em frente, mesmo que fosse andando e chorando.

> *Aqueles que semeiam com lágrimas, com cantos de alegria colherão. Aquele que sai chorando enquanto lança a semente, voltará com cantos de alegria, trazendo os seus feixes* (Sl 126.5-6).

Ana ousou fazer um esforço fora do normal e se levantou do meio de seus escombros emocionais para caminhar até o altar, onde ela poderia chorar, chorar e chorar até a resposta chegar, até que suas lágrimas fossem cura para sua alma, e não ácido em suas feridas.

Quando a gente não caminha enquanto chora, corre o risco ficar atolado em nossa lama emocional. As lágrimas não foram feitas para nos inundar, mas para regar o caminho até o altar. Quando chegamos lá, elas já foram colhidas por Deus. O Deus que já sabe o que desejamos antes mesmo de declararmos. Mas Ele nos ama tanto! Ele nos ama apesar dos "nãos" que nos dá. Ele às vezes nos diz "não", mesmo sabendo que a Sua resposta vai nos fazer chorar. Não seria mais fácil Ele nos dar o que desejamos? Só que Ele não nos prometeu facilidade, e sim fidelidade. Em nossa passagem por esse lado da eternidade, nem sempre teremos tudo o que desejamos. Teremos sim, isso é certeza, tudo de que necessitamos. Se precisamos de cura, Jesus realizará. Se vivemos uma despedida, Ele nos consolará. Algumas vezes vamos passar por tempestades sem que Ele nos dê aviso, mas Ele também não vai nos abandonar. Ele prometeu estar lá em todo o tempo, ao nosso lado, no nosso barco, até o fim.

CAPÍTULO QUATRO

Deus no controle

Então ela seguiu seu caminho, comeu, e seu rosto já não estava mais abatido (1Sm 1.18b).

O primeiro desfecho da história do sofrimento de Ana foi esse: um semblante melhor. Só isso! Seu rosto já não estava mais abatido. Ela ainda não estava grávida, mas estava feliz. Ainda não tinha um resultado positivo, mas suas lágrimas no altar produziram em seu próprio coração a certeza de que Deus estava no controle. Ela saiu dali em paz.

Quanto mais a vida passa, mais percebo
que sem Deus não dá pra viver
Não dá pra viver
Quanto mais aprendo com a vida,
mais percebo que eu tenho tanto a aprender
Eu aprendi que não preciso viver
preocupada com o que vai acontecer, com o que virá.
O que é hoje, amanhã vai passar
Nessa vida tudo muda, só existe um Deus que permanecerá
no controle, Deus está, Deus está.
Eu não preciso me preocupar com o que virá

Já basta a cada dia o seu mal
Eu só tenho que confiar e descansar porque Deus está no controle.

EYSHILA, *Deus no controle*

Nossas lágrimas têm um peso diferente quando derramadas no altar de Deus em oração.

Não estou falando das lágrimas basais, aquelas que envolvem o globo ocular e servem para lubrificar os nossos olhos. Também não falo das lágrimas reflexivas, as que são formadas a partir de um reflexo causado pelo incômodo de um forte vento ou mesmo pela intromissão de um agente invasor, como um cisco, por exemplo. Há também as lágrimas de crocodilo, que dizem ser as lágrimas falsas. Elas são produzidas porque, enquanto o animal devora a sua presa, o céu da sua boca é pressionado e suas glândulas lacrimais são comprimidas.

Estou falando das lágrimas emocionais, aquelas que somente os seres humanos geram, que são produzidas a partir de dores emocionais. São um mecanismo de escape que Deus depositou em cada ser humano a fim de produzir alívio na hora da dor. Existem momentos na nossa vida que só podem ser superados se forem regados pelas lágrimas. Elas vêm em momentos inesperados. São, muitas vezes, inconvenientes, inapropriadas, mas são inevitáveis e precisam ser liberadas. Só que uma coisa precisa ficar muito clara quando o assunto é o choro: nós liberamos as lágrimas, sem permitir que elas venham nos inundar e nos paralisar.

Deus procura adoradores que o adorem *apesar* das lágrimas, e não apenas com medo de que elas venham a existir. Quando choramos no altar de Deus, pensamentos inimigos são expulsos. Aqueles do tipo: "eu não vou dar conta" ou "eu desisto de vez". Nosso ambiente de oração se torna leve e ao mesmo tempo carregado da glória do Deus vivo. Isso não é automático, mas algo que devemos cultivar como um hábito diário e inegociável. Nosso momento devocional, assim como nosso tempo de oração, precisa ser uma prioridade em nosso dia, e não algo que fazemos quando sobra tempo ou quando não temos mais saída.

Busquem, pois, em primeiro lugar o Reino de Deus e a sua justiça, e todas essas coisas lhes serão acrescentadas (Mt 6.33).

Quando olhamos para o Reino de Deus como prioridade, Ele transforma a nossa realidade.

Muitas vezes a nossa realidade é uma enorme frustração causada por uma oração não atendida. Olhamos no nosso caderninho devocional e nossos olhos pulam direto para aquele dia de dor, quando clamamos ardentemente ao Senhor, mas a resposta que Ele nos deu foi bem diferente daquela que esperávamos. Isso já aconteceu com você?

A grande verdade é que tudo o que está fora do nosso controle nos incomoda. Então, decidimos nos preocupar com aquilo que não podemos controlar. Estar no controle é coisa de Deus. Todas as vezes que, na história da humanidade, alguém tentou fazer melhor do que Ele, houve graves consequências. Eva foi atraída por essa possibilidade no jardim, quando a serpente a iludiu sobre a possibilidade de estar no controle, conhecendo a verdade sobre o bem e o mal.

Eva foi a primeira mulher a ser criada, foi a primeira a pecar e foi também a primeira a ser rejeitada.

Disse o homem: "Foi a mulher que me deste por companheira que me deu do fruto da árvore, e eu comi" (Gn 3.12).

Bem-vinda, mulher, ao mundo do "cada um por si" e Deus por todos. No mundo do conhecimento do bem e do mal, o mesmo que a gente tenta controlar com as próprias mãos, como quem tenta conter um oceano em um copo de geleia, não há espaço para o cavalheirismo. Adão não foi obrigado a pecar, mas nem o amor que ele tinha por Eva o fez assumir sua responsabilidade e sua parcela de culpa imediatamente. Abriram-se os olhos de Eva também para os defeitos de Adão, que foram inaugurados depois que ele aceitou o fruto que ela lhe deu.

Deus se dirigiu à mulher, aquela que o homem acusou, e lhe deu uma nova chance, a chance de ser a matriarca da humanidade. Deus avisou a Eva que ela sofreria para gerar filhos, mas não lembro de Deus contando a Eva que ela sofreria ao enterrá-los. Deus não nos conta tudo, e isso também é uma prova do Seu amor. Não estamos preparadas para saber toda a verdade. Não temos maturidade suficiente para isso. Mães nunca deveriam enterrar seus filhos, mulheres jamais deveriam se decepcionar com seus maridos, mas Eva foi a primeira de todas nós. Ela enterrou Abel, seu filho caçula. Ela também foi a mãe do primeiro assassino, Caim, que saiu de casa deixando uma mãe com o coração partido. Esse foi o mundo que sobrou depois da queda. Esse foi também o mundo que Jesus salvou após a Sua morte e ressurreição. Jesus, o filho de Eva!

Quando queremos assumir o controle, precisamos assumir os danos. Porém, o que admiro em Eva, essa mulher criada com tanto amor pelas mãos do próprio Criador, é a capacidade de superar o insuportável. Depois de vivenciar tantos traumas em seu casamento, haja vista a maneira desprezível como Adão a acusou diante do próprio Deus, e logo depois a tragédia envolvendo seus dois filhos, ela tinha tudo para se fechar em seu próprio mundo e pedir a morte. Eva tinha tudo para ser vencida pela culpa de ter sido a primeira a pecar e ainda induzir o marido a fazer o mesmo. Mas ela superou. Sabe o que nos faz superar? A certeza do amor do Pai. Quando uma mulher sabe que é amada por Deus, ela tem o poder de ir muito além de si mesma. Todas as suas fronteiras emocionais são expandidas e ela avança para um lugar além da sua dor, além das suas lembranças, além do seu passado, do seu pecado e de suas frustrações.

Novamente Adão teve relações com sua mulher, e ela deu à luz outro filho, a quem chamou Sete, dizendo: "Deus me concedeu um filho no lugar de Abel, visto que Caim o matou". Também a Sete nasceu um filho, a quem deu o nome de Enos. Nessa época começou-se a invocar o nome do SENHOR (Gn 4.25-26).

Deus não nos criou para sermos independentes dEle. Quanto mais independentes de Deus, mais queremos que os outros dependam de nós. Quanto menos dirigidos por Deus, mais queremos controlar os outros. Perceba que Eva não esqueceu a dor que viveu, mas ela a superou. E, por isso, Deus lhe deu a chance de outra vez gerar.

Mulher, você nasceu para gerar, e isso ninguém poderá roubar de você. Gerar causa dor, incerteza e incômodo, mas vale a pena. Se Deus não lhe deu filhos naturais, gere filhos espirituais. Gere sonhos e projetos enquanto você ora pelo seu milagre, porque milagres acontecem, e eles são responsabilidade do Único que está de fato no controle de tudo: o nosso Deus. Nossa parte é gerar. A parte de Deus é soprar. Eva não desistiu e deixou-nos um legado de superação.

Nem sempre temos uma sentença audível de Deus que nos explique o porquê de nossos sofrimentos, mas sabemos que, independentemente do motivo de suas decisões, Ele nos ama e está no controle de cada situação.

E a oração feita com fé curará o doente; o Senhor o levantará (Tg 5.15).

Mas e quando a oração é feita com fé, e mesmo assim o doente não se levanta? Deus está no controle mesmo assim.

Deus está no controle quando a estéril é curada e gera filhos, ou quando sua madre permanece fechada.

Deus está no controle quando a doença é vencida, ou quando Ele cura o doente para si mesmo e o leva para a eternidade.

Deus está no controle quando é tempo de bonança ou de tempestade. É fácil admitirmos que Deus está no controle quando tudo vai bem. Quando o mundo desaba é que temos dificuldade de confiar na soberania de Deus. No nosso entender, um Deus que está no controle não permitiria que o nosso mundo desmoronasse. Acontece que aquilo que desmorona sob a nossa ótica está sendo visto por Deus sob uma perspectiva completamente diferente.

> *"Pois os meus pensamentos não são os pensamentos de vocês, nem os seus caminhos são os meus caminhos", declara o* SENHOR. *"Assim como os céus são mais altos do que a terra, também os meus caminhos são mais altos do que os seus caminhos e os meus pensamentos mais altos do que os seus pensamentos"* (Is 55.8-9).

Se acertamos, Deus está no controle. Se erramos, Deus está no controle. Ele não nos deixa cair no chão. Se insistimos e nos lançamos nos nossos próprios precipícios emocionais, Ele nos estende a mão.

Siga em frente, filha de Eva. Levante-se, vá para a presença de Deus, chore no altar até que o seu semblante reflita a mudança que Deus promoveu em seu coração. Pode ser que, além de um semblante iluminado, Deus lhe conceda um ventre curado, assim como fez com Ana, que ficou grávida de um filho que ela chamou de Samuel.

> *Então Ana orou assim: "Meu coração exulta no* SENHOR; *no* SENHOR *minha força é exaltada. Minha boca se exalta sobre os meus inimigos, pois me alegro em tua libertação.*
>
> *Não há ninguém santo como o* SENHOR; *não há outro além de ti; não há rocha alguma como o nosso Deus.*
>
> *Não falem tão orgulhosamente, nem saia de suas bocas tal arrogância, pois o* SENHOR *é Deus sábio; é ele quem julga os atos dos homens.*
>
> *O arco dos fortes é quebrado, mas os fracos são revestidos de força.*
>
> *Os que tinham muito, agora trabalham por comida, mas os que estavam famintos, agora não passam fome. A que era estéril deu à luz sete filhos, mas a que tinha muitos filhos ficou sem vigor.*
>
> *O* SENHOR *mata e preserva a vida; ele faz descer à sepultura e dela resgata.*
>
> *O* SENHOR *é quem dá pobreza e riqueza; ele humilha e exalta.*
>
> *Levanta do pó o necessitado e do monte de cinzas ergue o pobre; ele os faz sentarem-se com príncipes e lhes dá lugar de honra. Pois os alicerces da terra são do* SENHOR; *sobre eles estabeleceu o mundo.*
>
> *Ele guardará os pés dos seus santos, mas os ímpios serão silenciados nas trevas, pois não é pela força que o homem prevalece.*

Aqueles que se opõem ao Senhor serão despedaçados. Ele trovejará do céu contra eles; o Senhor julgará até os confins da terra. Ele dará poder a seu rei e exaltará a força do seu ungido" (1Sm 2.1-10).

O Senhor foi bondoso com Ana; pois ela ainda engravidou e em três ocasiões mais e deu à luz três filhos e duas filhas. Enquanto isso, o menino Samuel crescia na presença do Senhor.

Eis aí uma mulher que compreendeu a grandeza de Deus antes mesmo de experimentar o seu milagre.

Sempre podemos esperar de Deus aquele famoso "infinitamente mais". Mais amor, mais perdão, mais consolo, mais graça para suportar e superar aquilo que não podemos controlar.

Algumas vezes Deus vai curar, outras vezes Ele vai levar. Algumas vezes a dor vai passar, outras vezes Ele vai lhe dar graça para suportar a dor. Haverá momentos nos quais o trajeto será de bonança e paz, outras vezes será de tempestade e insegurança, mas em todas essas possibilidades haverá uma realidade imperativa: Deus estará no controle da sua vida. O Deus que tudo pode, o Deus que tudo vê, tem as melhores decisões sobre nossos dilemas. Ele não adormece diante de nossos problemas. Ele está no controle.

Deus está no controle.

Diante dessa certeza, você poderá olhar-se no espelho outra vez e perceber que o seu semblante mudou, seu sorriso voltou, que você suportou a dor e superou a tristeza. Agora, sim, prepare-se para o melhor tempo de sua vida, com Deus no controle.

https://bit.ly/2Ue9IUt

PARTE DOIS

BATALHA

"Ele se afastou deles a uma pequena distância, ajoelhou-se e começou a orar: 'Pai, se queres, afasta de mim este cálice; contudo, não seja feita a minha vontade, mas tua.' Apareceu-lhe então um anjo do céu que o fortalecia. Estando angustiado, ele orou ainda mais intensamente; e seu suor era como gotas de sangue que caíam no chão."

LUCAS 22.41-44

CAPÍTULO CINCO

Batalha

Quem é o Rei da Glória? O SENHOR, *forte e poderoso, o* SENHOR, *o* SENHOR, *poderoso nas batalhas* (Sl 24.8).

Na vida não existe zona neutra. Somos guerreiras ou vítimas. Avançamos contra a dor ou somos vencidas por ela. (HERNANDES DIAS LOPES)

AQUALTUNE, A ESCRAVA INCONFORMADA

Aqualtune foi uma princesa congolesa que viveu no século 17, filha do rei Mani Kongo. Naquele tempo, os portugueses invadiram a África em busca de cativos para o comércio de escravos, atividade vista por nós atualmente como uma barbaridade, porém algo muito comum naquela época, quando não se ouvia falar sobre direitos humanos. Aqualtune, a princesa guerreira, liderou um exército de dez mil homens naquela que foi chamada Batalha de Mbwila. Porém, o desfecho foi assustadoramente trágico. Seu pai, o rei da tribo, teve a cabeça cortada, e a princesa guerreira foi presa e vendida como escrava reprodutora. Transportada em um navio negreiro para Gana, foi "batizada" por um bispo católico e depois, como sinal de batismo, marcada com uma flor de ferro no seio esquerdo. Foi trazida para o Brasil, mais especificamente para Recife, no Nordeste brasileiro. Alguns historiadores chegam a afirmar que ela já chegou ao Brasil grávida, devido aos inúmeros estupros que havia sofrido no trajeto, já que a sua única função era gerar mais escravos fortes e guerreiros tais como ela.

Em Recife, ela foi vendida para um fazendeiro criador de gado de corte, que a colocou entre os seus piores homens, devido à sua fama de insubordinada. Grávida de seis meses, Aqualtune ouviu falar de um tal Reino dos Palmares, um centro de resistência criado por escravos fugitivos, localizado nos morros de Pernambuco. Aqualtune era uma princesa guerreira, treinada para batalhas, habilidosa com as armas que o seu pai a havia ensinado a manusear. Sim, ela havia perdido a batalha de Mbwila, havia sido aprisionada, marcada com ferro quente como se faz com animais, havia sofrido a dor de ver o seu pai, o seu herói, morto e decapitado, mas sabia quem era. Ela era uma princesa, herdeira de um reino, de alma livre. Jamais se conformaria com algo menor que a liberdade. Além disso, era uma habilidosa guerreira. Mesmo tendo perdido uma batalha, ainda havia diante dela a maior de todas as guerras: a guerra pela própria vida. Essa, ela não perderia. Aqualtune decidiu que não seria subjugada por aqueles que, simplesmente porque se viam como superiores, invadiram seu continente, seu povo e seu reino levando cativos príncipes e princesas para os tornarem escravos por causa da cor de sua pele. Eles prenderam a pessoa errada. Aqualtune não era escrava, não se via como escrava e jamais se tornaria escrava. Sua mente era de princesa, e além de tudo guerreira. Seu pai havia lhe ensinado a jamais desistir.

Aqualtune se uniu a um grupo de escravos inconformados que destruíram a casa grande, onde moravam os senhores de escravos, fugiu com eles e conseguiu chegar ao Reino de Palmares. Sua liderança era algo tão visível que logo foi reconhecida pelos demais escravos, e Aqualtune se tornou a fundadora do Quilombo dos Palmares. Não somente foi uma mulher que se destacou em sua liderança, mas também gerou filhos que foram grandes líderes guerreiros e entraram para a história, como Ganga Zumba e Ganga Zona, que ganharam fama por sua coragem e braveza. Aqualtune também teve uma filha chamada Sabina, que foi a mãe de Zumbi dos Palmares. A conclusão é que essa família saqueada da África deu muito trabalho para a coroa portuguesa. Não foram guerreiros abolicionistas, como muitos pensam, mas fundaram um reino à parte dentro do Brasil, com hierarquia e até mesmo com escravos negros.

Se consegue fazer um estrago desses uma mulher que sabe apenas quem ela é, imagine aquela que milita na força do Deus do universo e sabe quem Ele é?

A conclusão que tiro dessa história é que, independentemente da cor, raça, patamar socioeconômico ou mesmo religião, teremos de encarar tragédias que exigirão de nós um posicionamento. Teremos de decidir quem de fato somos nessa vida. Princesas ou escravas? Eternas vítimas ou guerreiras? Aqualtune não é, ao meu ver, uma referência de fé em Deus. Ela não deixou na história nenhum legado relacionado ao seu relacionamento com Jesus; pelo contrário, foi batizada à força na igreja católica e até marcada com ferro quente. O final de sua história também não foi dos mais gloriosos. Ela pode ter sido capturada em sua aldeia com outros idosos ou morrido queimada. Mas o que me chama atenção nessa mulher é que, só na força dela, com uma boa dose de garra e determinação, ela funda um reino dentro de outro. Ela não aceita a própria escravidão. Não se rende, não se entrega aos seus exatores, muito menos à dor da separação. Imaginem o potencial que uma guerreira dessas teria na mão do Deus vivo! Se consegue fazer um estrago desses uma mulher que sabe apenas quem ela é, imagine aquela que milita na força do Deus do universo e sabe quem Ele é?

> *As armas que usamos não são humanas; ao contrário, são poderosas armas de Deus para derrubar fortalezas* (2Co 10.4).

TAMAR, A PRINCESA DESPREPARADA

A Bíblia também tem suas princesas. Tamar foi uma delas. Filha do rei Davi com a princesa Maaca, que por sua vez era filha de Talmai, rei de Gesur, Tamar vivia no castelo com todas as regalias de uma princesa, cercada de beleza e poesia, esperando o momento de encontrar-se com seu príncipe. Quem sabe o seu pai a apresentaria ao filho de um rei aliado, vizinho de Israel, que fosse temente a Deus, de preferência jovem e saudável, carinhoso e bonito? Já que ela era uma princesa, nada mais coerente do que sonhar com um príncipe. Ela não era experimentada em batalhas, pois seu pai tinha um exército à disposição. Ela não tocava em armas, pois eram perigosas, e a sua falta de habilidade no manuseio podia ser algo letal. Então, tudo o que ela queria era estar sempre bem vestida, com seus cabelos penteados, sua túnica colorida que a definia como filha virgem do rei, à espera de um jovem que a desposasse, pois ela era muito bonita, de acordo com a descrição bíblica de sua aparência. Sua preocupação mais profunda era que roupa usar no dia seguinte. Naquele tempo, não havia guerra em Israel, pelo menos não dos portões para fora. Dentro da casa de Davi, no entanto, uma batalha ferrenha estava prestes a começar.

Existem certos relatos na Bíblia que não sei como Deus teve coragem de contar. É por isso que eu amo esse Deus! Ele não tem receio de nos revelar as verdades que considera importantes para o nosso crescimento e amadurecimento. Ele não reluta em nos mostrar o quão humanos eram os homens e mulheres cujas histórias de dor, superação e até mesmo de vergonha rompem a barreira do tempo e nos inspiram mesmo nos dias atuais. A Bíblia jamais será ultrapassada ou fora de moda. Tudo o que aconteceu há séculos e até milênios passados serve de inspiração para nós.

A história do estupro de Tamar é algo bárbaro e, ao mesmo tempo, atual. Em todas as partes do mundo, ouvimos relatos de feminicídios e abusos físicos ou morais. O que não imaginamos é que, ao abrir as páginas da Bíblia em nosso momento devocional diário, podemos nos deparar com uma cena que mais parece uma notícia de primeira página do jornal mais popular de São Paulo dizendo:

FILHA DO REI DE ISRAEL É ATACADA POR
SEU MEIO-IRMÃO E BRUTALMENTE ESTUPRADA
NAS DEPENDÊNCIAS DO PRÓPRIO PALÁCIO REAL

E quando clica no título em letras garrafais você lê o seguinte relato:

Absalão, filho de Davi, tinha uma irmã chamada Tamar. Ammon, outro filho de Davi, que era irmão dela por parte de pai, apaixonou-se por Tamar, porque ela era muito bonita. Essa paixão era tão forte que ele ficou angustiado a ponto de adoecer. Como ela era virgem, parecia-lhe impossível fazer alguma coisa para aproximar-se dela. Mas Amnom tinha um amigo muito esperto, que era seu primo Jonadabe, filho de Simeia, irmão de Davi.

Um dia, Jonadabe perguntou a Amnom: "Filho do rei, qual é o seu problema? Por que você está tão abatido? Você não quer me contar o que está acontecendo?" E Amnom disse a Jonadabe: "Eu me apaixonei por Tamar, irmã do meu irmão Absalão".

"Bem", respondeu Jonadabe, "vou dizer-lhe como resolver o problema: Volte para a sua cama, deite-se e finja que você está doente; quando seu pai vier aqui visitá-lo, diga a ele: Peço ao senhor que minha irmã Tamar venha preparar a minha comida aqui mesmo e me dê de comer. Eu me sentirei melhor se for alimentado pelas mãos de minha irmã Tamar".

Amnom aceitou a ideia, deitou-se e fingiu que estava doente. Quando o rei veio visitá-lo, Amnom lhe disse: "Meu pai, peço só um favor do senhor: Eu gostaria que minha irmã Tamar viesse e preparasse dois bolos onde eu possa vê-la, e que ela mesma os sirva para mim".

Davi atendeu a esse pedido e deu ordens para que Tamar fosse a casa de Amnom e lhe preparasse o alimento. Assim ela foi ao quarto de Amnom, que estava deitado, e diante dele misturou a farinha, preparou a massa e assou os bolos especiais para Amnom. Mas quando ela trouxe os bolos ele se recusou a comer! "Saiam todos do quarto", disse ele aos criados que o serviam. Depois que todos saíram, ele disse a Tamar: "Agora traga os bolos ao meu quarto; quero comê-los das suas próprias mãos". Tamar obedeceu. Mas assim que ela tomou os bolos e se pôs ao lado da cama de Amnom, ele a agarrou e disse:

"Venha, irmã, deite-se comigo".

"Não, meu irmão", exclamou Tamar. "Não se faz uma coisa dessas em Israel! Não faça essa loucura! O que faria eu depois diante de tanta desgraça? E você cairia em completa desgraça diante de Israel! Por favor, fale com o rei primeiro, e ele lhe dará permissão para casar comigo".

Mas Amnom não quis atendê-la; e como era mais forte, agarrou-a e obrigou-a a deitar-se com ele.

Logo depois, Amnom sentiu aversão por ela. Aquela grande paixão se transformou em ódio profundo. "Fora daqui", gritou para ela.

"Não, meu irmão; por favor, não!" respondeu ela. "Mandar-me embora agora seria um mal maior do que aquele que cometeu comigo".

Mas ele não quis ouvi-la. Ele chamou um dos seus empregados e disse a ele: "Ponha esta mulher para fora daqui e feche a porta atrás dela!" Assim, ela foi posta para fora da casa de Amnom e o empregado fechou a porta. Tamar vestia uma túnica longa de mangas compridas, como se vestiam naqueles dias as filhas virgens do rei. Em grande desespero, ela rasgou a sua túnica e colocou cinzas sobre a sua cabeça em sinal de tristeza; e com as mãos na cabeça saiu chorando em alta voz, angustiada. Seu irmão Absalão a encontrou e perguntou: "É verdade que Amnom se apaixonou por você e é de lá que você vem em tão grande aflição? É melhor você ficar quieta, pois Amnom é seu irmão. Não fique aflita por isso!"

Então Tamar, como uma mulher desolada, passou a morar na casa de seu irmão Absalão (2Sm 13.1-20, NBV).

Estes são relatos de duas princesas que foram roubadas de seus reinos e, consequentemente, de seus sonhos. A história de Aqualtune está nos livros didáticos de pesquisa e ensino. A história de Tamar está própria Bíblia. Ambas são histórias reais de mulheres que tinham algo em comum: uma grande desilusão na vida. Uma era africana, filha de um grande líder e guerreiro daquele continente. A outra era hebreia, filha do rei de Israel, um estadista, guerreiro, músico, compositor, poeta e também experimentado em batalhas, famoso por suas conquistas, inclusive pela derrota de Golias, o gigante. Seu pai era o grande rei Davi, homem segundo o coração de Deus.

O fato de Aqualtune estar liderando um exército de dez mil homens quando foi capturada nos diz que ela era altamente capacitada e preparada para a guerra. Ela não era uma princesa convencional, vestida com finos vestidos e tiaras de ouro. Ela estava na guerra, manuseando espada e escudo, lutando para defender o seu reino, como era costume das filhas dos reis africanos. Já Tamar, que nasceu cerca de um milênio antes de Cristo, foi uma princesa guardada em seu castelo, sem obrigação de se preparar para as batalhas, que naquele tempo eram responsabilidade exclusiva dos homens. Ela provavelmente não teve aulas de defesa pessoal para aprender a neutralizar estupradores, muito menos se estes fossem filhos de seu próprio pai. Ambas foram estupradas, violentadas, saqueadas de sua vida cotidiana, afrontadas e decepcionadas.

Perceba que, independentemente da época, da cor da nossa pele, da condição socioeconômica da nação ou da nossa religião, às vezes somos surpreendidas no percurso da nossa caminhada com situações imprevisíveis. Aqualtune era uma guerreira mais que preparada, porém sua destreza com as armas não impediu que fosse capturada. Tamar foi uma princesa superprotegida e vigiada, porém foi alvo do ataque de alguém acima de qualquer suspeita dentro de sua própria casa.

A história não nos diz qual a profundidade da ligação de Aqualtune com Deus. Não sabemos se ela lia a Bíblia ou o Alcorão. Só sabemos que, independentemente da sua fé e da sua religião, ela decidiu não se render àquela situação. Tamar, por sua vez, depois de ter lutado sem sucesso para defender sua virtude, foi repudiada pelo mesmo irmão que se dizia apaixonado por ela. Após ter sido violentada, ela foi rejeitada e expulsa dos seus aposentos. Além de expulsa, foi exposta. Além de exposta, foi sentenciada a uma vida de desgraça. Quem iria querer se casar com uma jovem marcada? Que príncipe aceitaria desposar uma princesa violentada pelo próprio irmão?

Davi era o rei e tinha muitas esposas, além de concubinas. Estamos falando de mil anos antes de Cristo, uma época em que a cultura era muito diferente da nossa. As filhas mulheres se tornavam responsabilidade de seus irmãos mais velhos. Tamar, sendo filha de Maaca, a mesma mãe de Absalão, acabou sendo adotada por seu irmão. O estupro de Tamar desencadeou uma série de outras tragédias na casa do rei Davi, começando com Absalão marcando um banquete em sua casa para ter a oportunidade de se vingar de Amnom tirando-lhe a vida, e foi o que ele fez.

Quando leio que Absalão matou Amnom, chego à conclusão óbvia de que Amnom procurou por esse caminho de morte quando escolheu uma vida de violência. Existem coisas na vida que plantamos, portanto, a colheita é algo inevitável. Quando leio na Bíblia que, algum tempo depois, o próprio Absalão foi morto precocemente enquanto lutava contra o próprio pai, entendo que a vingança nunca é uma opção bem--sucedida na vida de quem quer que seja. A vingança é um veneno que se bebe na crença de que o outro vai morrer. O final das histórias de vingança é sempre o mesmo: tragédia.

Existem tragédias que se explicam por si sós. Existem situações que, nitidamente, são consequências de escolhas malfeitas e atitudes precipitadas. Mas e quando acontecem coisas na nossa trajetória que não têm uma explicação óbvia? E o que aconteceu com Tamar, uma jovem inocente que estava apenas sendo gentil com o seu irmão "doente"?

> *Não tenho todas as respostas, mas de uma coisa sei:*
> *Por toda a minha vida te adorarei.*
> *Adorar é o que sei, adorar é o que sou.*
> *Nada pode calar um adorador.*
> *Não existem prisões*
> *que contenham a voz de quem te adora, Oh, Senhor.*

Dias maus vêm para todos. Dias difíceis acontecem na vida de quem crê ou não em Deus.

Dificuldades não selecionam a religião, a família ou a classe social de ninguém. Elas vêm sobre crentes ou incrédulos, religiosos ou ateus, pobres ou ricos, sábios ou leigos.

Coisas ruins, inclusive, acontecem com pessoas de bem, assim como coisas boas podem alcançar pessoas que a gente não vê com bons olhos. A questão não é o que a vida faz conosco, mas o que fazemos com o que a vida nos traz. Como reagimos ao inevitável caos que muitas vezes se instala no nosso redor?

Batalhas acontecem, por mais fortificadas que sejam as nossas muralhas, por mais imponentes que sejam os nossos castelos. Guerreiras são capturadas e princesas, muitas vezes, são subjugadas. Bem-vinda ao mundo real, princesa! Não é fácil ser de carne e osso. Não é fácil assumir a realidade da vida, principalmente em um mundo predominantemente "virtual".

Mas quero que você entenda, princesa, que existe um Rei em Seu alto e sublime trono. Ele não perdeu o seu lugar de soberania. Ele é o Rei dos Reis, o Senhor dos Senhores, Aquele que jamais perdeu uma batalha em sua vida. Ele também venceu uma batalha contra a injustiça. Na verdade, Ele se revestiu da nossa injustiça para que fôssemos justificados pela Sua justiça. Ele levou sobre Si as nossas dores, nossas tragédias, nossas lágrimas, nossos questionamentos e nosso fardo insuportável. Isso mesmo, a vida às vezes se torna insuportável, mas em Cristo somos capazes de voar acima das adversidades, acima dos nossos temores e adversidades.

Princesas não precisam abrir mão de suas túnicas de pureza e realeza, mas, no caso de um inesperado ataque, é essencial que estejam revestidas da armadura de Deus. São armas muito mais poderosas que as carnais, porque são feitas para o combate que se dá além do nosso medíocre mundo físico. São batalhas invisíveis, que se travam em um mundo que a nossa visão, muitas vezes limitada, não consegue perceber.

> *Por último, quero recordar-lhes que a força de vocês deve vir do imenso poder do Senhor dentro de vocês.*
>
> *Vistam-se de toda a armadura de Deus, a fim de que possam permanecer a salvo das táticas e das artimanhas de Satanás.*
>
> *Porque nós não estamos lutando contra gente feita de carne e sangue, mas contra os poderes e autoridades, contra os dominadores deste mundo de trevas, contra as forças espirituais do mal nas regiões celestiais.*

Portanto, usem cada peça da armadura de Deus para resistir ao inimigo sempre que ele atacar e, quando tudo estiver acabado, vocês ainda estejam de pé (Ef 6.10-13).

Avante, princesas e guerreiras dessa geração! Chega de vestes rasgadas e cinzas na cabeça. Existem batalhas que vencemos e outras que perdemos, mas a guerra continua, e nós estamos vivas. Que possamos tornar a nossa vida relevante na terra.

CAPÍTULO SEIS

Despedidas e aprendizados

"A glória de Deus é um ser humano plenamente vivo".

IRINEU DE LYON

Trago aqui este tocante testemunho de Rosana Alves[1]:

Minha mãe faleceu aos 47 anos, vítima de um AVC isquêmico, em decorrência de uma hipertensão incontrolável. Quantas vezes a levamos para o hospital e o "aparelho" não conseguiu aferir sua pressão arterial, de tão alta que estava. Sim: era um quadro intrigante para a medicina, pois a mínima chegava a 25 e a máxima ultrapassava 32!

Cresci presenciando as suas crises, internações e sofrimento, mas presenciei muito mais a sua resiliência e sabedoria. Somente quem convivia com ela de perto é que sabia do seu quadro de saúde tão desafiador, pois de forma discreta lidava com a doença.

---

[1]Neurocientista reconhecida pelo governo norte-americano por suas habilidades extraordinárias, a Dra. Alves graduou-se em psicologia, com mestrado, doutorado e três pós-doutorados em neurociências, um deles no exterior. É diretora acadêmica do *Neurogenesis Institute*, em Orlando-FL, e autora dos livros: *A neurociência da felicidade* e *O Designer da decisão*. Instagram: @doutorarosana

Ela faleceu em 25 de outubro de 2005, após dezessete dias em coma. Confesso para você que, quando o telefone da minha casa tocou e era do hospital avisando que a minha mãe acabara de falecer, a primeira palavra que surgiu em minha mente foi: "Acabou". O "acabou" significava que não adiantava mais ter esperança, orar ou acreditar que minha mãe veria meus filhos nascerem. A tristeza foi profunda. Além disso, naquele momento eu teria de enfrentar uma das tarefas mais difíceis da minha vida: dar a notícia para a minha família.

Os meus irmãos (são quatro) ficaram "acampados" na casa dos nossos pais durante todos os dezessete dias e, quando cheguei para dar a notícia, eles já perceberam o que havia acontecido. Choramos e decidimos que todos entraríamos no quarto do meu pai para avisá-lo do falecimento e dizer que estaríamos na sala decidindo sobre a cerimônia fúnebre, e que ele poderia se juntar a nós assim que se sentisse em condições para isso.

Meu pai demorava muito para aparecer na sala, então decidimos ir até ao quarto para verificar o que estava acontecendo. Ao abrir a porta lentamente, encontramos aquele homem, de apenas 56 anos de idade, que acabara de perder a companheira da vida, ajoelhado orando. Ao perceber a nossa presença, levantou-se e, antes que disséssemos qualquer palavra, ele mesmo se pronunciou: "Não pensem que eu estava pedindo algo ou reclamando; estava apenas agradecendo a Deus pelo privilégio de ter sido casado por 31 anos com uma mulher tão extraordinária."

Meu coração se aqueceu naquele momento e fui levada a trocar o sentimento de murmuração pelo de gratidão. Decidi, naquele instante, que cantaria na cerimônia fúnebre a última música que ela havia me escutado cantar no culto de domingo, poucas horas antes de ter o AVC. Por que eu cantaria aquela música, mesmo não sendo uma de suas favoritas? Porque aquela letra era especial. A segunda estrofe diz assim:

Como suportar a morte de alguém que se ama
e a saudade que destrói

E como suportar a solidão, a dor
Sem ter com quem contar e as noites longas são
Mas eu sei que tudo irá passar

SHEILA BOECHAT, *Tudo irá passar*[2]

A escolha não foi pautada na ideia de que foi a última música que ela me ouvira cantar, mas sim na necessidade de exprimir a fé que é mais forte que a dor, a esperança que é mais intensa que a tristeza. Se eu acreditava naquela mensagem em um domingo feliz na igreja, a mesma certeza precisava ser expressa no dia mais triste da minha vida.

Já no cemitério, ao ver a multidão se aglomerando, fomos surpreendidos pela quantidade de pessoas que conheciam aquela mulher simples e discreta. Já sabíamos que ela dedicara a vida para auxiliar a quem necessitasse, sem distinção, só não imaginávamos que muitas delas estariam ali naquela quarta-feira. Ouvimos tantas histórias de acolhimento, aconselhamento, sustento e suporte que ela oferecera! Aquilo foi um bálsamo para os nossos corações feridos. As pessoas estavam ali por causa da sua vida, e não por causa da sua morte. O que ela fizera durante a sua existência é que motivara cada um a comparecer ao seu enterro. Resumindo, as pessoas estavam ali para comemorar e homenagear a vida que ela viveu.

E, por isso, ao escrever agora para você, sinto forte desejo de compartilhar o que aprendi com a vida dela ao invés de me debruçar sobre o sofrimento que a sua morte provocou. Quero que você me entenda: não estou desprezando a dor ou a falta que senti com tal tragédia, pois foi muito difícil lidar com tamanha perda; mas quero convidá-lo a pensar sobre o que você está fazendo com a sua *vida*, pois disso dependerá de como você será lembrada após a sua morte.

Permita-me fazer algumas perguntas para que você reflita sobre a sua vida:

- Como você tem cuidado da sua saúde? Estar bem fisicamente é essencial para ter condições de ajudar a si mesmo e aos outros;

---

[2] Essa música está no cd *Sonhos*.

- Você tem falado mal dos outros? Desculpe-me por tamanha invasão, mas a fofoca é pior do que a lepra, pois é capaz de matar corpo e alma e contamina até quem está longe. O nosso cérebro corrompido pelo pecado sente prazer na fofoca: sim, o sistema de recompensa (que libera, por exemplo, dopamina) é ativado no momento da fofoca, acarretando grande prazer. Então, como mudar algo tão arraigado em nós? Vou dar uma dica: o hábito de falar com Deus muda nosso jeito de falar com as pessoas! Incline-se diante de uma vida de comunhão com Ele, e a transformação acontecerá.
- Você auxilia aos outros ou está sempre esperando que cuidem de você? Saia do lugar de vítima e prontifique-se para estender a mão a quem necessitar.
- Como você tem olhado para a sua história de vida? O que tem feito com as lembranças de perda e sofrimento? O que você vive hoje é resultado de como encara o seu passado. Gosto do que o apóstolo Paulo nos deixou em Filipenses 3.13-14: *"Irmãos, quanto a mim, não julgo que o haja alcançado; mas uma coisa faço, e é que, esquecendo-me das coisas que atrás ficam, e avançando para as que estão diante de mim, prossigo para o alvo, pelo prêmio da soberana vocação de Deus em Cristo Jesus.* Precisamos aprender a deixar para trás o que pertence apenas ao passado e, o que tiver que estar no presente, que seja com o propósito registrado em Isaías 58.11-12: *"Vocês usarão o entulho do passado para construir de novo, reconstruirão sobre os antigos alicerces da sua vida. Vocês serão conhecidos como aqueles que reparam qualquer coisa, restauram ruínas antigas, reconstroem e renovam, tornam a comunidade habitável outra vez."* Entendeu? O que ficar do passado, mesmo que seja sofrimento ou perda, precisa ser usado para construir!

Quero finalizar a nossa conversa (mesmo que a vontade seja de escrever muito mais) contando uma das maiores lições que aprendi com a vida da minha mãe. Espero que sirva de inspiração e direção para você.

Minha mãe não foi criada pelos pais e sim pela avó. Um dia perguntei para ela: "Mãe, como a senhora consegue ser uma mãe tão maravilhosa, mesmo sem ter sido criada pela sua mãe?" Ela me respondeu: "Tenho a melhor condição para ser uma ótima mãe, porque sei como uma mãe faz falta. Sou a melhor pessoa para acolher aos rejeitados, pois já vivi à margem de uma sociedade e sei o quanto dói."

Puxa! É possível não viver a consequência mais óbvia do sofrimento. Porque alguém apanhou, não precisa ser agressivo; uma pessoa não precisa ser negligente porque foi abandonada. O que lhe faltou, você pode dar em abundância. Você é a pessoa mais indicada para dar o que não recebeu, pois sabe o quanto lhe fez falta.

Uma vez escutei de uma mulher que admiro e amo, @betta_fonseca, que "a sua dor é o seu ministério" e isso faz todo sentido!

O convite para você é esse: Transforme o sofrimento em oásis para o outro, o ódio em amor!

O que aprendo hoje? Que a falta da minha mãe me levará a multiplicar o que aprendi com ela. Se ela não está mais aqui para amar e acolher, farei isso no lugar dela. Quero viver a abundância na falta! Minha mãe faleceu, mas deixou Deus conosco!

Hoje já me perguntei: o que estou construindo na vida da minha família? Quais orações tenho feito? O que tenho deixado para ela? Pense nisso: sua influência vai além da sua existência na Terra.

Vivemos em tempos em que a autoestima tem sido um grande objeto de desejo. Surgem discussões e planejam-se técnicas que a desenvolvam. Há aqueles que acreditam que, havendo autoestima, tudo pode ser enfrentado ou melhorado. Que ela ocupa lugar central...

Mas penso ser uma armadilha considerar a autoestima com tamanho apreço. O sentido da vida e o quanto nos consideramos especiais e capazes tem mais a ver com o *propósito* da nossa vida. Sim: por que nasci? Como posso contribuir para trazer mais sentido para a humanidade? Qual o propósito da minha vida? Responder a essas perguntas e, consequentemente, colocar em prática as suas conclusões nos trarão a calmaria de quem não precisa se preocupar com a periferia para encontrar seu valor.

Assim, desejo-lhe *vida*, mesmo que já você tenha enfrentado a morte, que mesmo no caos não é o propósito da vida. *O milagre é a Rosana.*

Rosana Alves

Seja feliz e faça aos outros felizes, pois para esse propósito você veio a existir!

A história de Rute e Noemi — A dor da despedida

Na época dos juízes, a terra de Judá passou por um período de fome e escassez. Uma família que pertencia à tribo de Efraim, da cidade de Belém, fez as malas e se mudou para as terras vizinhas, terras dos moabitas, que eram os descendentes de Ló, sobrinho de Abraão. Os homens da casa eram Elimeleque e seus dois filhos, Malom e Quiliom. Noemi, a única mulher da casa, ficou viúva muito cedo, e acabou sozinha com seus filhos, que logo se casaram com mulheres daquela mesma terra. Seus nomes eram Orfa e Rute. Passaram-se quase dez anos, e outra tragédia aconteceu: morreram também os filhos de Noemi. Quanta dor naquela família! Sobraram três viúvas, e uma delas também estava vivendo a pior separação que uma mãe pode experimentar na sua existência: a partida de seus filhos para a eternidade. Filhos sem os pais são órfãos, mulheres sem maridos são viúvas, porém não há nomenclatura para mães que enterraram seus filhos, embora essa seja a pior de todas as dores.

Noemi, cujo nome denunciava sua doçura, ficou em apuros, sozinha, em uma terra estranha, fadada ao fracasso em um mundo no qual viúvas não tinham oportunidade, principalmente se não tivessem mais filhos que cuidassem delas em sua velhice. Diante desse cenário surreal, que mais parecia um filme de terror de uma série do Netflix, mas era na verdade a sua própria vida, Noemi decidiu voltar para a sua terra assim que teve notícias de lá. Alguém havia lhe avisado que Deus viera em auxílio do seu povo em Judá, dando-lhe alimento.

Deus? Mas onde será que estava Deus na hora em que Noemi ficou viúva de seu marido, seu companheiro e provedor? Será que Ele estava zangado ou de folga quando, em menos de dez anos, morreram todos os homens de sua casa? Onde Deus havia se escondido quando ela ficou viúva e sem filhos? Por que Ele não impediu essa tragédia?

No auge da sua indignação, ela disse:

Não me chamem Noemi [doçura], melhor que me chamem de Mara [amargura], pois o Todo-poderoso tornou minha vida muito amarga! Por que me chamam Noemi? O SENHOR colocou-se contra mim! O Todo-poderoso me trouxe desgraça! (Rt 1.21)

Esse era o retrato do coração de Noemi enquanto ela voltava de Moabe para Judá: ferida, enlutada, amargurada, decepcionada e profundamente angustiada. Nesses momentos, não existem explicações coerentes nem palavras que amenizem a dor. Tudo o que se espera de quem está por perto é que ofereça um ombro amigo, um copo d'água, um prato de comida e poucas, bem poucas palavras. Não adianta querer trazer lógica ao mundo de Deus. A morte e a vida estão na mão dEle. Enquanto estamos deste lado da eternidade, cabe-nos apenas um pequeno vislumbre dos seus mistérios.

Porquanto agora sabemos muito pouco, mesmo com nossos dons; e a profecia dos mais dotados é imperfeita. Entretanto, quando tivermos sido aperfeiçoados, então o que é imperfeito desaparecerá (1Co 13.9,10).

Não há palavra de consolo que suavize a dor dessa despedida. Nem mesmo a certeza de que nos encontraremos na eternidade.

Nessa hora, só precisamos ser transparentes diante daqueles com quem podemos ficar à vontade. Precisamos de pessoas por perto que sustentem a nossa sinceridade diante da dor. Tudo o que se espera daqueles que estão ao nosso lado na hora do luto é que nos deixem ser nós mesmos, sem máscaras ou disfarces. Pessoas que sejam capazes de ouvir nossas "orações de gente", do tipo que só não ofende a Deus porque Ele, e somente Ele, conhece como ninguém a intensidade do sofrimento que estamos enfrentando. Noemi encontrou em Rute essa pessoa. Embora Rute também estivesse enlutada pelo marido que partiu, ela compreendeu que Noemi estava sofrendo ainda mais pela perda de seus filhos.

Na hora da sua dor, ouse dar uma olhadinha além do seu próprio eu. Você pode ficar surpresa com a realidade na história de vida de outros. Você pode até descobrir que não é a única a sofrer, que Deus não está conspirando contra você e que o sofrimento faz parte da vida de todos, não somente da sua.

> Mas Rute respondeu: *Não insista para que eu a abandone, pois quero ir aonde a senhora for, e viver onde a senhora viver. O seu povo será o meu povo e o seu Deus será o meu Deus! Eu quero morrer onde a senhora morrer e aí desejo ser enterrada. Deus pode fazer o que ele quiser comigo se eu deixar que alguma coisa, senão a morte, me separe da senhora* (Rt 1.16-17).

A história de Noemi se mistura com a de Rute, e o seu desfecho é um lindo casamento selado com um filho que entrou para a genealogia do rei Davi e do próprio Jesus Cristo. A viúva que não tinha mais filhos agora tinha um neto. Não qualquer neto, mas um que seria o avô do rei Davi.

Quando nos solidarizamos com a dor dos outros, Deus cura a nossa ferida.

> *Como a corça procura ansiosamente um riacho, assim a minha alma tem sede pelo* Senhor, *ó meu Deus.*
> *A minha alma tem sede de Deus, do Deus vivo; quando poderei estar de novo na sua presença?*
> *As minhas lágrimas têm me servido de alimento de dia e de noite, enquanto meus inimigos zombam de mim perguntando: "Onde anda o seu Deus?"*
> *Quando me lembro de como costumava ir à frente do povo que subia ao templo para adorar, cantando de alegria e louvando a Deus numa grande festa, choro de tristeza. Por que você está tão triste, ó minha alma? Por que está assim tão desanimada? Tenha confiança em Deus! Pois ainda voltarei a louvá-lo; ele é o meu salvador e meu Deus. Sinto a minha alma*

profundamente abatida e por isso procuro lembrar do seu poder, desde a terra do rio Jordão, do monte Hermon e do monte Mizar.

Um abismo chama outro abismo; ouço o ruído das suas fortes correntes de tristeza que me encobrem, fazendo lembrar o barulho de grandes cachoeiras.

Mas para vencer tudo isso, conceda-me, SENHOR, o seu amor cuidadoso e constante de dia. E durante a noite quero cantar em seu louvor e orar ao meu Deus, que me dá vida.

Digo a Deus, a minha Rocha: 'Por que o SENHOR se esqueceu de mim? Por que tenho que viver sofrendo e chorando por causa dos ataques dos meus inimigos?'

Cada vez que, zombando, eles perguntam: 'Então onde anda esse seu Deus?', é como se meus ossos sofressem agonia mortal.

Por que você está tão triste, ó minha alma? Por que está assim tão desanimada? Espere em Deus! Pois eu ainda o louvarei; ele é o meu salvador e o meu Deus (Sl 42).

Essa é uma das orações mais sinceras que já li. Um poema que retrata a dor da alma de alguém, sem pretensão alguma de impressionar a Deus ou aqueles que estão presentes escutando e participando daquele momento de crise na vida do salmista.

Oração de crente também precisa ser oração de gente. Precisamos fazer mais orações humanas como a de Noemi e também do autor do Salmo 42. Não somos anjos. Não temos uma visão privilegiada da eternidade nem do mundo espiritual. Não temos respostas para todas as questões de vida ou morte. Situações que transitam no âmbito da soberania de Deus não estão ao nosso alcance. Aqueles que querem entrar no mundo de Deus precisam fazê-lo pela fé, e a fé não se explica. Pela fé avançamos por cima das adversidades. Pela fé decidimos viver apesar dos ventos e tempestades. Pela fé nos tornamos seres inabaláveis e, ao mesmo tempo, moldáveis nas mãos do Oleiro que nos quebra e nos refaz quando quer.

Ó povo de Israel, por acaso não posso fazer com vocês a mesma coisa que este oleiro fez com o barro?, pergunta o SENHOR.

Como o barro está nas mãos do oleiro, assim vocês estão na minha mão, ó casa de Israel (Jr 18.6).

Deus está zangado comigo?

A Bíblia retrata alguns episódios nos quais Deus ficou indignado com seus filhos.

O Senhor viu que a maldade humana foi ficando cada vez pior e que a imaginação e os pensamentos dos seres humanos os levavam unicamente para o mal. Então o Senhor se arrependeu de ter criado o ser humano sobre a terra, e isso cortou o seu coração.

> *Disse o Senhor, farei desaparecer da face da terra tudo o que tem vida: as pessoas, os animais, os répteis e as aves do céu. Estou triste porque os criei* (Gn 6.5-7).

A indignação de Deus com a humanidade gerou um dilúvio que dizimou toda aquela geração e deu lugar a um novo povo que nasceu a partir de Noé. A história de Noé não é sobre um Deus que destruiu o Seu povo porque desistiu dele, mas sobre um Deus que amou tanto a humanidade que decidiu dar-lhe uma nova chance.

Uma família foi separada e guardada por quase um ano, dentro de um contêiner flutuante, cuja porta foi fechada pelo próprio Deus. Junto com eles, havia toda espécie de vida animal, puros e impuros, os que rastejavam pelo chão e as aves. Foram 40 dias de chuva. Assim como em alguns dias Deus criou o mundo, em alguns dias Ele também o desfez. Sim, Deus se indignou, mas Ele também se entristeceu profundamente. E não foi o único. Dentro daquela arca, havia oito pessoas tristes e enlutadas, apesar de poupadas. O fato de Deus nos poupar não significa que não vamos chorar. Os sobreviventes da arca deixaram do lado de fora seus amigos, seus parentes, seus bens, seus sonhos pessoais, suas lembranças e sua história pregressa. É impressionante como, depois de certas experiências vividas, passamos a olhar até mesmo para as histórias da Bíblia com muito mais respeito e empatia. A família de Noé foi poupada, mas entrou naquela arca com o coração partido pela despedida. Dentro daquela arca havia livramento, mas também havia sofrimento, luto coletivo.

Luto é exatamente isso: alguém que foi poupado chorando a saudade daquele que partiu. Só os sobreviventes ficam de luto. Somente os vivos podem chorar seus mortos. Se você está vivendo um momento terrível assim, viva a vida que Deus não tirou de você, pelo menos não por enquanto. Luto é coisa para os vivos. Luto não tem manual. Primeiro enfrentamos e depois aprendemos. Crentes ou ateus, pobres ou ricos, letrados ou ignorantes, bons e maus, todos enfrentam o luto em algum momento da vida, basta estarem vivos.

Alguns tiveram sua jornada interrompida, mas, por algum motivo que trafega no âmbito da soberania de Deus, você ainda está aqui. Entenda que, enquanto você estiver de luto, a ordem é sobreviver para depois voltar a viver. No entanto, jamais esqueça que o choro pode durar uma e até muitas noites, mas vai amanhecer.

> *Porque a sua ira só dura um instante. Mas o seu interesse e cuidado por nós duram a vida toda. O choro pode durar a noite toda, mas de manhã ele nos devolve a alegria (Sl 30.5).*

Quando a resposta de Deus é "não"

Depois de haver-se deitado com uma mulher casada, ter tentado encobrir seu erro inutilmente e ter sido o mandante da morte "acidental" do marido dela, o rei Davi a tomou como esposa porque ela estava grávida de um filho seu. Só havia um porém: Deus estava vendo tudo.

Veja na Bíblia o que Deus pensou sobre o que Davi fez. É muito importante quando paramos para ver a versão que Deus tem sobre os fatos.

> *Então o Senhor enviou o profeta Natã para contar esta história a Davi: "Dois homens moravam em certa cidade. Um deles era um homem rico e o outro, pobre. O rico era dono de rebanhos de ovelhas e gado; o pobre, porém, possuía somente uma ovelha que ele comprou quando era bem pequena e a criou com muito amor. Essa ovelha era o animalzinho de estimação de seus filhos. Comia com ele no mesmo prato; bebia com ele do mesmo copo. Era tratada com tanto carinho pelo seu dono que até dormia em seus braços, como se fosse uma de suas filhinhas. Certo dia chegou um viajante à casa do homem rico. Este, querendo preparar uma boa refeição para o seu visitante, resolveu matar uma ovelha. Mas não quis matar nenhum animal dos seus*

rebanhos; ao contrário, tomou a ovelha do homem pobre, matou-a e preparou com ela o banquete para o seu visitante".

Davi ficou furioso ao ouvir essa história, e disse: "Juro pelo nome do SENHOR que o homem que fez isso deve ser morto. E por haver roubado a ovelha, e por ter mostrado um coração duro e insensível, deve restituir quatro ovelhas ao homem pobre".

Então Natã disse a Davi: "Você é o homem rico da história! Assim diz o SENHOR, o Deus de Israel: 'Eu o ungi rei de Israel e o livrei das mãos de Saul. O palácio dele agora é seu; as mulheres dele agora são suas; também dei a você os reinos de Judá e de Israel. E se isso não bastasse, eu lhe daria muito mais. Por que, então, você não respeitou a palavra do SENHOR e praticou uma coisa tão horrível? Você matou Urias, o heteu, com a espada dos amonitas e ainda roubou a mulher dele! Por isso, daqui em diante, a espada estará sempre sobre a sua família, pois você me desprezou ao tomar a esposa do heteu Urias'.

"Assim diz o SENHOR: 'Por causa do seu mau procedimento, farei com que a sua própria família se revolte contra você. Darei as suas esposas a outro homem que terá relações com elas em plena luz do dia. Você fez isso em segredo, mas com você será feito abertamente, à vista de todo o Israel' ".

"Pequei contra o SENHOR", confessou Davi a Natã.

Então Natã lhe respondeu: "Sim, realmente você pecou; mas Deus lhe concedeu perdão pelo seu pecado. Você não morrerá. Porém, com o seu procedimento, deu oportunidade aos inimigos de desprezarem o SENHOR. Por isso o filho que você teve com Bate-Seba vai morrer". Depois dessa conversa com Davi, Natã voltou para sua casa.

E o SENHOR permitiu que o filho de Davi com a mulher de Urias ficasse mortalmente doente. Davi sofria com a doença da criança; em desespero ele implorou a Deus que salvasse o seu filho. Ele ficou sem comer e passou a noite prostrado diante do SENHOR, em oração. Os oficiais do palácio procuraram levantá-lo do chão e fazê-lo comer alguma coisa, mas Davi se recusou. No sétimo dia, a criança morreu. Os conselheiros de Davi estavam com medo de dar a notícia ao rei, e comentavam: "Que vamos fazer? Nosso rei já estava tão abatido enquanto a criança ainda estava viva; como ficará ele diante da notícia da sua morte? Ele poderá cometer alguma loucura".

Davi, percebendo os cochichos entre os seus conselheiros, compreendeu o que havia acontecido e perguntou: "A criança morreu?"

DESPEDIDAS E APRENDIZADOS

"Sim", responderam eles. "A criança está morta". Então Davi se ergueu, lavou-se, penteou-se, trocou de roupa e foi à casa do SENHOR e o adorou. Depois voltou ao palácio, pediu que lhe preparassem pão e ele comeu." (2Sm 12.12-21)

Davi orou, jejuou, suplicou, mas Deus não reconsiderou sua posição. Sua resposta não mudou.

Davi pecou e foi castigado. Ele viveu seu luto, depois se banhou, adorou a Deus e se alimentou para encarar a vida que viria pela frente. Não ficou paralisado, culpando-se pela morte da criança, embora Deus tivesse avisado que aquela situação era o resultado do seu pecado. Ele chorou cada lágrima a que tinha direito, e chorou crendo que Deus reconsideraria sua decisão, porém Deus a manteve. Às vezes a resposta de Deus é "não."

O mesmo Deus que recolheu o primeiro filho de Bate-Seba com Davi permitiu que ela engravidasse de Salomão, o próximo rei da nação de Israel. O nome disso é bondade. Sim, Deus pode se irar com uma pessoa, ou com uma nação inteira, mas não somos perseguidos pela Sua ira. O que nos persegue é a Sua bondade acompanhada da Sua misericórdia.

Sim, Deus ficou indignado com os contemporâneos de Noé, e daquele povo só sobraram oito, mas foi desse remanescente que veio Abraão, Isaque, Jacó, Jesus e a igreja do Deus vivo que somos nós.

Eu tenho absoluta certeza, que a sua bondade e a sua misericórdia me acompanharão todos os dias da minha vida. Sim, eu viverei na presença do SENHOR para sempre! (Sl 23.6).

Se paramos para analisar todas as tragédias da nossa existência à luz da ira de Deus, nós O culparemos por tudo o que acontece. No entanto, se mergulharmos em Deus o suficiente a ponto de termos pelo menos um vislumbre de quem Ele é, saberemos que, apesar de Sua indignação inevitável com a humanidade que a todo o tempo O despreza e O ignora, o Seu amor nos protege. Deus é bom até mesmo quando Sua resposta é negativa. Não somos perseguidos por Sua ira, mas por Sua bondade e misericórdia.

Fiz questão de começar este capítulo com a história de superação de uma mulher que admiro muito. A Dra. Rosana Alves decidiu viver após o luto pela perda de sua mãe, pessoa notável e admirável, doméstica casada com um pedreiro que formou os cinco filhos na universidade. Quando digo "viver", eu digo usufruir de toda a plenitude que a vida tem a nos oferecer, apesar de suas vicissitudes. Se somos perseguidos pela bondade e misericórdia de Deus, nossa vida precisa ser relevante nessa terra. Quero encerrar compartilhando com vocês a definição de vida de acordo com a Dra. Rosana Alves, segundo seu livro *A neurociência da felicidade*:

> *"Vida é o que acontece enquanto planejamos o futuro." Vida é hoje, e hoje é o tempo para ser feliz. Entendeu? A felicidade é um caminho, e não um destino. Está relacionada com as escolhas que fazemos e como reagimos diante dos problemas hoje, e não com algo reservado para o futuro.*[3]

Se por um lado estar preso às lembranças do passado nos aprisiona dentro daquilo que já passou, pensar apenas no futuro gera em nós uma ansiedade excessiva que nos impede de viver plenamente o agora. Somos resultado do passado que vivemos, mas o nosso futuro também depende do presente que escolhemos.

Então, em vez de procurar justificativas para as tragédias da vida, siga em frente. Em vez de procurar a ira de Deus em cada momento de dor, busque um relacionamento íntimo e pessoal pautado no Seu amor. Viva um dia de cada vez, às vezes andando e chorando, mas queira viver. Não desista desse dom tão precioso que Deus lhe deu. Espero um dia poder ouvir a sua história de superação. Quem sabe até contá-la em um próximo livro? Não foram apenas Noé, Noemi, Rute, Davi ou Rosana que sobreviveram. Você também chegou até aqui. Então siga em frente, em paz e de fé em fé. Viva para contar quem você é. Testemunho é vida. O mundo quer ouvir o seu.

---

[3] ALVES, Rosana. *A neurociência da felicidade*. Publicação independente, 2016, p. 16.

CAPÍTULO SETE

Firme em meio
às tempestades

Estes nossos sofrimentos e aflições, leves e momentâneos, não durarão muito tempo. Entretanto, este curto tempo de angústia resultará em uma glória eterna sobre nós para todo o sempre! (2Co 4.17).

No ano em que eu vivi a dor de me despedir precocemente do Matheus, meu filho primogênito, Deus não enviou um profeta para me explicar seus motivos, como fez com Davi. Ele também não me ofereceu uma opção de livramento, como a arca de Noé. Antes do dilúvio de lágrimas que estava prestes a ser derramado sobre a minha família, a vida seguia o seu curso lá em casa. Não imaginávamos a tempestade que estava por vir.

O meu corpo está perdendo as forças de tanto gemer; à noite inundo a minha cama de tanto chorar. Molho o meu leito de lágrimas (Sl 6.6).

Eu estava com passagens compradas para fazer uma viagem com Matheus para Austin, no Texas, onde eu pregaria para mulheres e depois esticaríamos a viagem até Dallas para participar de um congresso com a querida pastora Devi Titus. Também tínhamos planos de conhecer a Potter's House, igreja do bispo T. D. Jakes, um grande pregador que muito nos inspira. Matheus também queria conhecer o CFNI

(*Christ For the Nations Institute* — Instituto Cristo para as Nações). Tudo parecia perfeitamente normal, até que uma dor de cabeça revelou uma meningite viral herpética que, mesmo depois de controlada, evoluiu para uma hemorragia no cérebro. Apesar de todo o esforço da medicina, a hemorragia também não pôde ser contida e acarretou morte cerebral. Sem aviso prévio, sem previsão de tempestade no serviço de meteorologia da nossa existência, vimo-nos sendo arrastados pelos fortes ventos da adversidade, fomos inundados pela onda de lágrimas repentinas que nos submergiram e quase nos afogamos nelas. Ah, se não fosse a presença de Deus!

Minha comida têm sido as cinzas, e as lágrimas se misturam com a minha bebida (Sl 102.9).

Somos uma família que crê em milagres. Não seria a primeira nem a última vez que presenciaríamos alguém sendo desenganado pelos médicos e depois curado por Jesus. Para mim a cura era a única possibilidade, e a morte estava completamente fora de cogitação. Deus levar o meu filho? Isso sim seria um ponto fora da curva. Nossa história sempre foi sobre o que críamos, não sobre o que víamos. Estávamos acostumados a ver Deus reverter situações irreversíveis. Sempre acreditamos no Deus do impossível.

Além do mais, havia o peso da oração da igreja do Deus vivo espalhada por toda a terra. Seria impossível que Deus não atendesse a oração da igreja, sua noiva. Deus certamente honraria a fé do Seu povo. O meu Deus jamais permitiria que os incrédulos que estavam duvidando da cura do Matheus tivessem razão. Esta era a nossa convicção, até que a resposta de Deus para nós foi diferente da que esperávamos. Durante uma das visitas do pastor Silas Malafaia, nosso pastor, perguntei a ele: "Por favor, me diga o que será da fé desse povo que está orando comigo há quase duas semanas se Deus decidir não curar o meu filho?" Ele me respondeu: "Eyshila, Deus não precisa se justificar sobre Suas decisões. Deus não precisa de ninguém que O defenda. Existem questões que trafegam na esfera da Sua soberania. Nosso papel é continuar orando.

Vamos orar pelo milagre da cura. Se preciso for, vamos orar por ressurreição. Mas se Deus nos disser 'não,' devemos seguir em frente e guardar a fé no coração."

Já fazia quase duas semanas que aquele hospital havia se tornado a nossa casa. Pessoas vinham de todas as partes do Rio de Janeiro e até de outras cidades do Brasil para orarem conosco pelo nosso filho. Que presença gloriosa tomou conta daquele lugar! Foi uma comoção nacional e até internacional. Pastores e amigos de diversas denominações nos ligavam e gravavam suas orações para que colocássemos ao lado do leito do Matheus a fim de que ele escutasse. A UTI do hospital ficou impregnada pelo clamor de Seu povo. Uma caixinha de som ao lado do leito do meu filho tocava louvores diversos, e sempre nos revezávamos orando e clamando a Deus por cura divina, tanto em favor do Matheus quanto dos demais pacientes. Nem todos os que foram puderam entrar, mas as pessoas se reuniam na sala ecumênica do hospital. Aos poucos, parentes dos enfermos internados ali começaram a se unir a nós pedindo que orássemos pelos seus doentes também. Alguns ficaram curados e receberam alta naquela mesma semana. Funcionários do hospital que estavam afastados dos caminhos do Senhor ficaram impactados com aquele ambiente de glória e se reconciliaram com Deus. Cânticos de adoração eram entoados livremente pelos corredores do hospital, sem que ninguém nos impedisse. Aquele lugar se transformou em um altar de adoração. Enfermeiros que entravam no quarto do Matheus para banhá-lo choravam e oravam mesmo sem o conhecer. Rádios evangélicas interrompiam sua programação diariamente para convocar o povo em oração. Vizinhos do meu prédio que eram de outras religiões, muitos católicos ou espíritas, me abordavam no elevador para me dizer que estavam fazendo reuniões de oração pelo meu filho. Onde quer que eu passasse, as pessoas que me reconheciam me perguntavam: "Você não é a mãe do Matheus? Estamos orando por ele!"

Uma corrente mundial de oração havia sido estabelecida do lado de fora do hospital, e por algum tempo ficamos ali dentro sem saber de nada. Deus estava nos abraçando através de Seus intercessores, homens e mulheres de fé que exalavam compaixão. Pessoas que não tinham o costume de orar passaram a orar mesmo assim porque acreditavam no milagre que Deus estava prestes a operar. Uma enorme onda de amor nos abraçou.

Foram os quatorze dias mais tensos da nossa vida, mas também foram os de maior unidade, fervor e solidariedade que já havíamos experimentado. Recebemos vídeos de oração de muitos e diversos países, como Indonésia, Níger, Estados Unidos, Luxemburgo... Uma igreja mundial, sem rótulos e sem denominação, uniu-se em nome do Deus vivo para interceder pela vida de um jovem, e muitos nem sequer o conheciam. Foi como se Deus tivesse pulverizado a nossa dor, de modo que todos os que oraram sentiram um pouco da intensidade dela. Matheus ganhou muitos pais, muitas mães e inúmeros irmãos que ele só conheceria na eternidade. Foram dias de muitas dores, mas também de um intenso derramar da graça de Deus sobre nós.

Pensávamos que toda aquela multidão estava ali para orar porque Deus queria curar, mas na verdade o que Deus pretendia com toda aquela mobilização era tão somente nos consolar.

> Consolem, consolem o meu povo, diz o seu Deus (Is 40.1).

> Deus é a minha única esperança; nele eu confio e fico tranquilo, porque dele vem a minha salvação (Sl 62.1).

Enquanto escrevo este livro, o Brasil passa por diversas mudanças. Novo presidente, novas lideranças e, consequentemente, uma movimentação também na esfera espiritual. Alguns poderes no mundo físico foram trocados, o que também causou um reflexo no mundo invisível.

Foi desencadeada uma sequência de tragédias em um período muito curto de tempo, que causaram uma comoção de proporções extremas cuja repercussão ultrapassou nossas fronteiras. Tudo isso antes mesmo do carnaval que, infelizmente, é um dos principais feriados do ano na nação brasileira.

Tragédia em Brumadinho

Na cidade de Brumadinho (Minas Gerais), uma barragem da mineradora Vale se rompeu no dia 25 de janeiro de 2019. Uma avalanche de lama destruiu o prédio da empresa. Muitos funcionários estavam no refeitório, que foi totalmente soterrado. Dejetos misturados com lama atingiram também uma pousada e muitas casas, poluindo a vegetação e os rios, causando um estrago de proporções incalculáveis no meio ambiente. Até este momento (março de 2019) foram identificados 206 mortos e 102 desaparecidos. A nação de Israel enviou ajuda humanitária. Houve comoção mundial. Muitas famílias ficaram desabrigadas. Muitos perderam seus entes queridos. O Brasil inteiro chorou.

Meu coração está agitado e cheio de medo; minha vida é pura aflição e desespero (Jó 30.27).

Na noite do dia 6 de fevereiro de 2019, um temporal atingiu a cidade do Rio de Janeiro e a colocou em estado de crise. Em alguns pontos o volume de chuva acumulado em apenas duas horas foi maior do que o esperado para todo o mês de fevereiro. Os ventos chegaram a 110 quilômetros por hora, árvores foram derrubadas, postes caíram, bolsões de água se formaram nas principais ruas e avenidas da cidade. O trecho de uma ciclovia desabou. Seis pessoas morreram em decorrência do temporal. O prefeito da cidade decretou luto oficial de três dias.

Andei enlutado como se fosse por um irmão ou um grande amigo; curvei a cabeça de tristeza, vestido de roupas de luto, como quem lamenta por sua mãe (Sl 35.14).

Na madrugada de 8 de fevereiro de 2019, apenas dois dias depois da tempestade do Rio de Janeiro, um incêndio atingiu o Ninho do Urubu, como é conhecido o Centro de Treinamento do Flamengo, em Vargem Grande, Zona Oeste da cidade. Dez jovens jogadores da base do time do Flamengo morreram e três ficaram feridos. Eles tinham entre 14 e 16 anos. Dez mães enlutadas. Dez famílias despedaçadas. O Brasil ainda chora.

Choraram em alta voz até não terem mais lágrimas (1Sm 30.4).

NADA PODE CALAR UMA MULHER DE FÉ

No dia 11 de fevereiro de 2019, um helicóptero caiu na rodovia Anhanguera e bateu na parte dianteira de um caminhão que transitava pela via. Morreram nesse acidente o piloto e um famoso jornalista, apresentador e radialista brasileiro. Ambos saíram de casa, como de costume, para trabalhar e cumprir o seu papel na sociedade. Só que dessa vez eles não voltaram. A morte do jornalista, em especial, causou grande comoção entre políticos, personalidades e jornalistas de todo o Brasil.

Todos os homens terão de enfrentar a morte um dia; ninguém vive aqui para sempre! Quem é capaz de livrar-se das garras da morte? (Sl 89.48).

Um desencadear de tragédias pôs de luto a nação brasileira. O novo presidente do Brasil, que havia sofrido um atentado durante a sua campanha política, também se encontrava internado logo após a sua posse, para a reversão de uma colostomia. Enquanto orávamos por sua recuperação, orávamos também pelos desabrigados, feridos, desesperados e, principalmente, pelos enlutados das tragédias que acabo de mencionar. Todos tinham pelo menos algo em comum: a enorme frustração de não receber de volta seus entes queridos. Eles saíram e não mais voltaram.

A frustração é o que acontece dentro de nós quando não acontece o que esperamos.

Eu orei, mas Deus não atendeu.
Eu impus as mãos, mas o doente não sarou.
Eu fui fiel, mas fui apunhalada pelas costas.
Eu acreditei, mas a minha fé não bastou.
Eu sonhei, mas o meu sonho não se realizou.
Eu estudei, mas minha nota não foi suficiente.
Eu perdoei, mas fui traída outra vez.

Eu esperei, mas a resposta não chegou.

Eu entrei no barco com Jesus, mas mesmo assim a tempestade aconteceu.

Quando caiu a tarde, Jesus disse aos seus discípulos: "Vamos atravessar para o outro lado do mar". Então eles foram deixando a multidão, embora outros barcos fossem atrás deles. Logo levantou-se uma terrível tempestade. Ondas enormes começaram a rebentar sobre o barco, de forma que ele estava ficando cheio de água, prestes a afundar. Jesus estava dormindo na popa do barco com a cabeça numa almofada. Os discípulos o acordaram, bradando: "Mestre, nós estamos quase nos afogando, e o Senhor nem se importa?" Então ele se levantou, repreendeu o vento e disse ao mar: "Cale-se! Aquiete-se!" O vento se aquietou, e tudo ficou calmo! Ele perguntou-lhes: Por que vocês estão com tanto medo? Vocês ainda não têm fé? Eles ficaram cheios de espanto e diziam uns para os outros: "Quem é este, que até os ventos e as ondas lhe obedecem?" (Mc 4.35-41).

A presença de tempestades nem sempre condiz com ausência de Deus. A presença de Deus também não nos garante ausência de tempestades. Quem recusaria um ilustre convite de Jesus para o outro lado? Quem imaginaria que o trajeto seria premiado por uma terrível tempestade? A vida tem dessas coisas. Eventualmente somos surpreendidos por ventos contrários, barcos que balançam, ondas que nos assustam. Chegamos a pensar que Deus está de folga ou indiferente. Os mais ousados chegam a perguntar: "Jesus, o Senhor não se importa?" Mas Ele entende a nossa oração. O importante na hora da tempestade é não desistir nem agir precipitadamente. Pular do barco não é uma opção, mil vezes não. Procurar o lugar mais seguro do barco? Isso sim. Mas onde é? Só pode ser onde tem gente dormindo, apesar do rugir dos ventos e do agitar das ondas. "Opa, ali tem alguém dormindo! Mas quem pode ser?", pergunta um dos discípulos apavorados de medo. "Ah, é Jesus!" O lugar mais seguro do barco não é o que não balança; é onde Jesus está.

A presença de Jesus no barco não garante que não vou ter medo, mas sim que esse medo será enfrentado. A presença de Jesus no barco não garante que não vou me abalar com o seu balanço, mas vou achar um jeito de me equilibrar. A presença de Jesus no barco não garante que não vou sofrer nem chorar, mas que vou chegar do outro lado, mesmo que minhas lágrimas inundem o barco, competindo com as ondas do mar. Deus não nos chama para uma tempestade que Ele não tenha poder de controlar. Deus só permite que vivamos situações que Ele mesmo nos capacite a suportar.

Cada um tem a tempestade que suporta, e quem aceita a tempestade que lhe é imposta jamais será derrotado no meio dela. Se você está vivendo a pior tempestade da sua vida, tenha certeza de uma coisa: as mesmas ondas que hoje apavoram vão conduzir o seu barco até o lugar que Deus planejou. A tempestade faz parte do caminho, mas não é o seu fim. É só uma parte do trajeto que vai conduzir você ao seu destino. Então, mantenha-se firme. Confie em Deus. Existe vida após a tempestade. Terra à vista!

CAPÍTULO OITO

Mulher Maravilha

T rago desta vez o testemunho de Fernanda Brum[1]:

Superar uma perda não é fácil para ninguém. Jamais esperaria passar por isso dois meses depois de abrir minha primeira congregação independente e estar de malas prontas para a África! Esses eram sonhos muito esperados, e eu realmente estava feliz, muito feliz! Meu chamado para cura divina estava à flor da pele. Mal sabíamos que pelejaríamos a maior batalha de nossas vidas até então.

Eu acredito na cura, na restauração sobrenatural dos órgãos. Embora eu não precise de explicações para lutar por um enfermo — apenas oro como se fosse eu — , também acredito que Deus cura algumas pessoas para sempre, assim como fez com Matheus. Como explicar? Parece que, de algumas pessoas, Deus tem mais "ciúmes", assim, Ele as toma para Si. Essa é a exceção à regra da cura divina: Deus recolher alguém. Preciso acreditar que Deus o amava mais que eu poderia imaginar. Ele era do céu!

Nunca terei todas as respostas sobre as minhas quatro gestações, das quais sofri aborto espontâneo. Quatro bebês em formação.

---

[1]Fernanda Brum, além de minha melhor amiga, é cantora, compositora, escritora e pastora da Igreja Profetizando às Nações.

Eu não tenho diagnóstico sobre infertilidade, mas tenho dois milagres que vivi e muitas histórias de anjos que testemunhei. Aprendi muito com os milagres, mas aprendi muito com o luto também. Tantos lutos podem transformar você em uma pessoa sem força e sem esperança. Uma perda e uma luta podem fazer com que esqueçamos quem Deus nos chamou para ser. Porém, apenas por um tempo.

Algumas dores acabam mais rápido, outras ainda continuam. Mas a verdade é que viver dói. É desafiador. Eu gosto de viver. Já tentei morrer várias vezes. Todas essas vezes percebi minha covardia.

Então, decidi deixar de ser covarde. Eu não sou a supermulher que as pessoas veem nos cds, nos dvds e nos shows por todo o Brasil. Aquela é a unção que habita em mim. É a glória de Deus que insiste em pousar sobre todo aquele que crê que Jesus ressuscitou dentre os mortos e está assentado à direita do Pai, intercedendo por nós. Sim, Ele foi ferido por nossas transgressões, e o castigo que nos traz a paz estava sobre Ele. Não, você não pode desistir! Não, você não tem escolha! A Eyshila está de pé. Eu estou de pé! Isto é porque Jesus continua em Seu trono de glória aguardando o momento de beijar Sua noiva, a igreja. Você, que foi chamada, não pode largar as armas. Pare para chorar, pare um pouco para descansar, mas não desista! Sua maior tragédia, com certeza, será o seu maior ministério. Não compare a sua dor com a de ninguém. Chore mesmo, mas não pare.

Eu não quero ouvir, naquele grande dia, que fui parada por minha dor e covardia. Aquele que me chamou provou das chagas, das aflições, da vergonha, da nudez, da fome, da tortura e da sede. Ele se fez maldição em meu lugar. Ele suportou muito para que eu e você abríssemos mão do maravilhoso chamado por causa de nossas dores e desilusões.

A sra. Frida, querida missionaria das Assembleias de Deus, enterrou alguns filhos em diferentes Estados do Nordeste brasileiro, até mesmo em lugares proibidos, porque não eram cemitérios para "crentes." Pessoas muito mais bravas do que nós abriram o caminho para o verdadeiro evangelho. Nós não temos o direito de desistir. A chave está com essa geração também, de mulheres marcadas por suas experiências. Mulheres que tem em seu DNA uma causa em comum: Cristo.

O evangelho vai custar tudo a você: sua resiliência, seu caráter, sua reputação. O escândalo da graça vai alcançar a milhares. A graça de sermos reconfiguradas e regeneradas depois do furacão — sim, depois do furacão da morte, da enfermidade, do divórcio, da perda de um amigo querido ou da desilusão sobre todo um sistema de crenças e paradigmas no qual fomos enquadradas, Jesus continuará em Seu trono, reinando para sempre, pronto para reparar nossas rachaduras. Ele vai costurar nossas marcas e atenuar nossas cicatrizes. Vai curar a nossa dor e alargar a nossa visão. Nós servimos a um rei experimentado em dores. Ele não vê supermulheres, mas vê mulheres que estão dispostas a continuar quando muitas desistiram.

No dia do sepultamento do meu sobrinho Matheus, fui tomada por muitos sentimentos desconhecidos. Eu me desconheci muitas vezes durante o luto, e quem me consolou foi a Eyshila... isso foi muito injusto com ela. Mas a gente só dá o que a gente tem. Eyshila tinha para dar a todos nós.

E há um pensamento que não me abandona. Um entendimento me tomou naquele dia do sepultamento. Ali eu compreendi por que minha avó paterna, que podia orar pelos enfermos e vê-los curados, odiava tanto a morte e as enfermidades. Ela havia perdido sete crianças. Alguém que dá de cara com a morte tantas vezes precisa tomar uma decisão: entregar-se ao luto ou levantar-se em fé. Eu confesso que me entreguei ao luto por tempo demais.

Hoje, assim como você, eu me levanto em fé. Tomo posse do "empoderamento" que vem do alto, do Homem experimentado em dores, Jesus, que ressuscitou dentre os mortos e fez com que todo o Seu próprio corpo se regenerasse. Sim, Ele em breve voltará, e todos aqueles que creram nEle e já dormem serão ressuscitados primeiro, e nós, que estivermos vivos, seremos transformados. Um corpo incorruptível nos será dado. Aleluia! Nunca mais haverá maldição, nem morte, nem rancor, nem enfermidade. Deus enxugará dos nossos olhos toda a lágrima. Até esse dia eu decido continuar de pé.

Contrariando a todos e até ao inferno, bebo do cálice da graça e do perdão de meus pecados. Eu decido crer contra a esperança, mesmo em meio ao caos, porque os que dormem em Cristo não sofrem, mas aguardam a tremenda ressurreição que acontecerá. Nós, que estamos vivos, prosseguimos para o alvo, pelo prêmio da soberana vocação de Deus em Cristo. E você? Por que ia desistir mesmo?

Como diriam os irmãos morávios: "Que o Cordeiro receba a recompensa por Seu sofrimento." A Ele a glória para sempre, amém! *O milagre é a Fernanda.*

Fernanda Brum

No mesmo dia em que o piloto e o jornalista entraram naquele helicóptero, o sr. João, motorista de caminhão, também saiu para trabalhar. O que ele jamais imaginou foi que, no meio do seu trajeto, um helicóptero cairia exatamente em cima do seu veículo, quase no lugar onde ele estava sentado. Qual a chance de você estar dirigindo prudentemente o seu carro e sofrer um acidente, não porque colidiu com uma árvore e perdeu a direção ou alguém fez uma ultrapassagem perigosa, mas porque um outro veículo caiu do céu quase na sua cabeça?

Naquela mesma rodovia, estava passando uma mulher na garupa da moto de seu marido. Quando ela viu a cena, não pensou duas vezes. Desceu correndo da moto, venceu o metal da fuselagem do caminhão, retorcido pelo choque com o helicóptero que por pouco não esmagou o motorista, e salvou a vida daquele homem preso nas ferragens. Seu nome era Leiliane Rafael da Silva, uma jovem mãe de três filhos com apenas 28 anos de idade. Aquela cena de uma mulher pendurada à fuselagem de um caminhão, enquanto homens próximos apenas filmavam e fotografavam, impregnou as redes sociais por alguns dias e virou até inspiração para o desenho de um ilustrador que reproduziu a cena substituindo Leiliane pela Mulher Maravilha. Merecida homenagem.

O que ninguém imaginava era que aquela jovem heroína sofria de uma doença grave. Logo após dar à luz sua filha Livia, ela recebeu o diagnóstico de malformação arteriovenosa (MAV), uma doença grave que provoca defeitos no sistema circulatório e atinge principalmente o cérebro. A doença foi descoberta logo após o seu terceiro trabalho de parto: sentou-se em uma cama para exames na recepção do hospital e, quando os médicos chegaram, a criança já tinha nascido. Leiliane declarou em uma entrevista que sua filha havia nascido de parto normal, com 4 quilos. E acrescentou: "Não vou morrer agora, não vou mesmo. Tenho 28 anos e, se as veias não estouraram até agora, não vão estourar mais. Quero viver, quero ver meus filhos crescerem, quero ver meus netos. Tenho de durar muito tempo, pelos menos até uns 70 anos."

Após ficar famosa pelo seu ato espontâneo de bravura e solidariedade, Leiliane, que estava na fila há muito tempo esperando pela oportunidade de passar por uma cirurgia e ser devidamente tratada, foi então procurada por um médico neurocirurgião que se ofereceu para o tratamento e a cirurgia. Leiliane disse que chegou a ficar internada cinco vezes para a cirurgia, mas, em todas elas, o procedimento havia sido adiado.

E ela termina dizendo: "Ainda vou viver bastante."

O resgate de uma vida não tem preço. Não se pode pensar em pagar.

E eu não conheço ninguém mais agradecido do que o próprio Deus. Ele tem prazer em nos fazer colher o bem que semeamos. Aliás, essa é uma de Suas leis espirituais.

Você não é a Mulher Maravilha, mas você é maravilhosa porque foi criada de uma maneira perfeita e maravilhosa pelas mãos de um Deus maravilhoso.

> *Agradeço ao* SENHOR *por me ter criado de maneira tão perfeita e maravilhosa! Suas obras são maravilhosas; e eu sei disso muito bem* (Sl 139.14).

Quem decide viver não pode se conformar em apenas sobreviver, mas precisa fazer acontecer. Chega um momento na vida em que precisamos parar de perguntar a Deus o "porquê" para só então começar a compreender que por trás do porquê existe um "o quê." O que fazer com o que a vida nos faz? O que fazer enquanto tudo o que a vida nos mostra é angústia e tristeza? Deixar que a tristeza nos engula está totalmente fora de cogitação. Engolir a tristeza também não é uma opção; afinal, de tanto engolirem suas tristezas, mulheres têm sofrido de obesidade emocional, armazenando justamente aquilo que precisam expelir, doentes e paralisadas por suas dores armazenadas. Mil vezes não! O que precisamos é ressignificar a dor. Isso envolve a ação sobrenatural do Espírito Santo, mas também envolve uma decisão e uma visão verdadeira de quem Deus e é de quem nós somos nEle.

> *Oro para que vocês comecem a compreender como é incrivelmente grande o seu poder para conosco, os que creem nele. Foi esse mesmo grandioso poder que ressuscitou a Cristo dentre os mortos e o fez sentar-se no lugar de honra no céu, à mão direita de Deus, muitíssimo acima de qualquer governo celestial, autoridade, força e domínio. Sim, sua honra é muito mais gloriosa do que a de qualquer outro ser, seja neste mundo, seja no mundo futuro. E Deus colocou todas as coisas debaixo de seus pés e o fez cabeça de todas as coisas para a igreja, que é o seu corpo, repleto dele mesmo, que é o autor e doador de todas as coisas em toda parte (Ef 1.18-23).*

A primeira grande verdade é que Jesus ressuscitou, está assentado em um lugar de honra, à direita de Deus, muitíssimo acima de qualquer poder, autoridade, adversidade, tempestade ou dificuldade. Tudo está sujeito a Ele, inclusive as dores que consideramos impossíveis de superar. E sabe qual é a boa notícia? Jesus não é uma cabeça ambulante, mas tem um corpo, que somos nós, a Sua igreja. Na condição de corpo, a igreja está assentada com Ele no mesmo lugar privilegiado, acima de toda autoridade e domínio, acima de todo poder e potestade. Se somos o corpo de Cristo, precisamos entender que ocupamos um lugar de honra onde podemos enxergar de cima as nossas adversidades, ao invés de sermos esmagados por elas. Uma vez que compreendemos o nosso lugar em Cristo, nossa fé é fortalecida e nos tornamos aptas a encarar as batalhas da vida sob uma nova perspectiva.

*O que torna uma dor superável não
é o seu nível de intensidade, mas
a nossa capacidade de enxergá-la
do mesmo ângulo que Jesus a
enxerga: debaixo dos Seus pés.*

Quem decide viver precisa estar disposto a superar. Superação é uma questão de fé, porque para superar temos de sobrepujar, ultrapassar, vencer nossa incapacidade.

Superação é coisa de quem se move acima da mediocridade. Seres humanos medíocres gastam a vida dando desculpas para o que deixaram de fazer, enquanto os que se superam encontram uma forma de tirar vantagem do mal que a vida lhes causou. Superar é tornar-se superior. Ser superior não é ser melhor comparado ao outro, mas ser o melhor que eu posso ser para Deus e para mim mesmo. A vida não é somente o que a gente conquista, mas o que a gente suporta e supera. Tenho visto muitas mulheres que conquistam diplomas, posições e fama, mas são incapazes de superar suas dores. Temos vivido no meio de mulheres que exaltam o empoderamento feminino, mas não têm buscado o maior de todos os poderes, o único capaz de torná-las capazes de seguir em frente apesar dos furacões e tsunamis emocionais.

> *Mas quando o Espírito Santo descer sobre vocês, receberão poder para serem minhas testemunhas tanto em Jerusalém como em toda a Judeia e Samaria e até nos confins da terra* (At 1.8).

Mulheres doentes emocionalmente não podem ser poderosas espiritualmente. Elas ficam isoladas em suas tempestades individuais, sem pedir ajuda porque precisam ostentar a vida perfeita que postam nas redes sociais. Consequentemente, também não conseguem ajudar os outros, não produzem frutos e desperdiçam todo o seu potencial.

Mulher, Deus não chamou você apenas para posar de princesa, mas para assumir o seu papel de guerreira, ainda que você precise de uma certa dose de vulnerabilidade. Sim, essa dose vai deixá-la desarmada diante de Deus, mas completamente protegida diante do inferno. Guerreiras precisam superar o medo, a angústia, a mágoa, a culpa, o caos e até mesmo a frustração causada pelo peso daquelas notícias que não gostaríamos de ter recebido. Isso só será possível na presença do Senhor, Aquele que levou sobre Si as nossas dores. Recentemente escolhi fazer a seguinte oração: "Deus, eu troco a minha dor pela Tua presença."

Existem batalhas que são vencidas, outras são superadas. Ser mais que vencedora é conseguir enxergar-se vitoriosa diante do quadro da derrota pessoal. É justamente essa visão sobrenatural que faz com que nossas tribulações sejam leves e momentâneas.

Eu amo a tradução da Nova Bíblia Viva para esse texto do apóstolo Paulo:

Sabemos que até mesmo a natureza criada geme até agora, como uma mulher que está em trabalho de parto. E mesmo nós, os santos, embora tenhamos o Espírito Santo em nós como uma amostra que nos permite conhecer o sabor da glória futura, também gememos interiormente para ser libertados da dor e do sofrimento. Nós também esperamos ansiosamente aquele dia quando Deus nos dará plenos direitos nos adotando como seus filhos, inclusive a redenção dos nossos corpos. Somos salvos por essa esperança. E esperar quer dizer: esperar ansiosamente, conseguir algo que ainda não temos. Quem espera aquilo que está vendo? Entretanto, se precisamos continuar a esperar em Deus por algo que ainda não aconteceu, isso nos ensina a esperar com paciência. E, desse mesmo modo, o Espírito nos ajuda em nossa fraqueza, pois não sabemos como orar. O Espírito, porém, ora por nós com gemidos que não podem ser expressos em palavras. E aquele que conhece todos os corações sabe a intenção do Espírito, porque o Espírito intercede pelos santos em harmonia com a própria vontade divina. E sabemos que tudo quanto nos acontece está operando para o nosso próprio bem, se amarmos a Deus e estivermos ajustados aos seus planos (Rm 8.22-28).

Uma mulher prestes a dar à luz precisa estar disposta a perder para superar. Ela perde sangue para ter nos braços o seu bebê. Não importa se vai ser um parto normal ou cesariana, ela terá de perder o sangue e a placenta. Ela perde a criança que está dentro de seu ventre para recebê-la em seus braços. Perde a conexão que havia através do cordão umbilical para criar novos laços com o bebê, através de experiências de vida que começarão a partir do nascimento.

A verdade é que já nascemos morrendo e já damos à luz perdendo. Nesta vida nada é garantido, a não ser a presença de Deus. Essa presença se movia sobre a face das águas quando Deus trouxe ordem ao caos que era o mundo. Essa presença preencheu o ventre de Maria quando ela engravidou do filho de Deus. Essa presença fez com que Jesus, o Filho de Deus, suportasse o desconforto de ser também Filho do Homem, e morresse como um pecador para que todos nós um dia pudéssemos ressuscitar como santos. Essa presença fez com que Maria suportasse a dor de ver o seu filho inocente levando sobre Si os pecados de toda a humanidade, inclusive os dela. A presença de Deus é mais forte do que todos os aguilhões da morte.

A presença de Deus é mais forte do que todos os aguilhões da morte.

Sinceramente, não acho que Deus tenha permitido a morte do meu filho para que eu pudesse consolar as mães de outros filhos que morreram. O sangue de Jesus sempre foi suficiente. Porém, creio que o Deus a quem amo, e que me ama com um amor indescritível, tem o poder de fazer com que tudo, até mesmo a morte de um filho, contribua para o bem. Fazendo isso, Ele nos torna superiores à dor que vivemos. Isso é o que eu compreendo como superação.

Esse texto escrito pelo apóstolo Paulo, que acabamos de ler, inspirou uma de minhas mais preciosas canções. Vou contar para vocês como foi.

Espírito Santo, ore por mim

Há alguns anos, liguei do aeroporto para uma grande amiga intercessora e pedi que ela me respaldasse em oração porque eu iria entrar no avião em direção a Belo Horizonte, para atender a um convite de amigos pastores muito amados. Ela era uma mulher alegre, sempre sorridente, esbanjando alegria mesmo que o mundo estivesse desmoronando ao seu redor. A vida não era fácil para ela naquele tempo, tendo de lidar com suas lutas pessoais, com um marido infiel, e criar seus filhos praticamente sozinha na cidade do Rio de Janeiro. Mesmo assim ela sempre nos recebia com um sorriso, um abraço e um bolo gostoso, e a gente sempre pedia um pedaço para levar para casa, dentro de uma de suas vasilhas, é claro. Um dia, ela foi me visitar lá em casa e, quando abriu o meu armário para achar um copo para beber água, viu uma pilha de vasilhas suas. E não venha me recriminar por isso. Afinal de contas, quem é que se lembra de devolver as vasilhas de suas amigas? Crime confessado, pecado perdoado! Aquele foi um dia de muita risada lá em casa. Fui apanhada no flagra. Devolvi as vasilhas somente para recebê-las de volta cheias de novas guloseimas. Muito grata!

Creio que o desejo número um de toda mulher de Deus que tem filhos é que eles tenham uma conexão íntima e profunda com Deus. O desejo número dois é que eles jamais percam essa conexão. Toda mulher que teve uma experiência com Deus sabe o quanto a Sua presença é preciosa e quer que seus filhos também experimentem a mesma riqueza. No entanto, não temos o poder de comandar os nossos filhos para sempre. Por um tempo decidimos, depois opinamos e orientamos, e depois, finalmente, eles voam, seguem seu rumo, fazem suas próprias escolhas. Como é difícil deixar um filho voar! Meu coração aperta só de pensar. Minha amiga de oração estava triste naquela manhã justamente por uma atitude de sua amada filha que fez com que ela se sentisse traída, fracassada e humilhada.

Aquela mulher, outrora alegre e risonha, conhecida por todos pela risada gostosa e pelo abraço aconchegante, naquela manhã atendeu o telefone chorando e, ao ouvir meu pedido de oração, respondeu: "Eyshila, hoje eu não estou dando conta. Hoje quem vai orar por mim é você. Estou devastada pela dor da decepção. Meu coração está ferido e despedaçado. Hoje você ora e eu choro. Estou sem forças."

Todas nós precisamos de amigas com quem possamos ser autênticas. Todas precisamos de pessoas para quem possamos contar nossos segredos, compartilhar nossas derrotas e também nossas vitórias, sabendo que elas vão chorar pelo que perdemos e celebrar pelo que vencemos. Quem não tem amigas assim precisa orar para que elas sejam reveladas, porque elas existem, e Deus sabe onde elas estão. Uma das diferenças entre ser "Mulher Maravilha" e ser "mulher maravilhosa" é justamente a solidão de uma em comparação com a necessidade que a outra tem de estar em companhia de outras que, mesmo sendo maravilhosas, estão sujeitas às mesmas agruras da vida. Precisamos de amigas com quem possamos ser vulneráveis e imperfeitas.

Em seu livro *A coragem de ser imperfeito*, Brené Brown escreve o seguinte:

> Ser "perfeito" e "à prova de bala" são conceitos bastante sedutores, mas que não existem na realidade humana. Devemos respirar fundo e entrar na arena, qualquer que seja ela: um novo relacionamento, um encontro importante, uma conversa difícil em família ou uma contribuição criativa. Em vez de nos sentarmos à beira do caminho e vivermos de julgamento e críticas, nós devemos ousar aparecer e deixar que nos vejam. Isso é vulnerabilidade. Isso é a coragem de ser imperfeito. Isso é viver com ousadia.[2]

Não existe Mulher Maravilha, ou à prova de bala, mas a maravilha do Evangelho é que em Cristo somos capazes de superar toda e qualquer circunstância. Outra verdade absoluta é que precisamos de amigas com as quais tenhamos a coragem de ser imperfeitas. Isso é saúde para as nossas emoções.

Entrei no avião perplexa. Eu era muito jovem, estava vivendo o começo do meu casamento e do meu ministério. Quantas madrugadas a minha amiga de oração havia passado acordada comigo, orando pelo meu marido que era viciado em drogas, apesar de ser filho de pastor, nascido e criado na igreja. Minha sogra sabia o que era a dor de ver um filho fazendo escolhas completamente diferentes daquelas que foram ensinadas por seus pais, e agora a minha amiga estava sofrendo do mesmo mal diante dos meus olhos. Por essa eu não esperava. Diante

---

[2]BROWN, Brené. *A coragem de ser imperfeito*. Rio de Janeiro: Sextante, 2016, p. 10.

daquela situação eu não tinha escolha, a não ser orar por ela, assim como ela havia feito por mim tantas vezes. Fechei os olhos e comecei a clamar a Deus em meu espírito, sentindo a sua dor, até que as lágrimas começaram a rolar involuntariamente dos meus olhos, como uma cachoeira caudalosa. Naquele momento uma canção começou a brotar do trono de Deus com letra e melodia. Minha vontade era de cantar bem alto para todos ouvirem, tamanha foi a presença gloriosa que encheu meu coração dentro daquele avião. Por alguns instantes pude sentir um pouco da dor que ela estava sentindo, mas ao mesmo tempo experimentei um peso de glória incomparavelmente maior do que aquele que a estava sufocando, o peso da presença de Deus, que nos garante a certeza de que haverá paz em meio à guerra, alegria em meio à dor, consolo em meio às perdas e esperança após o desespero. Esta verdade tem sido o meu norte na caminhada.

Eis a letra da canção que Deus me deu nesse dia:

Espírito Santo, ore por mim
Leve para Deus tudo aquilo que eu preciso
Espírito Santo, use as palavras
Que eu necessito usar, mas não consigo
Me ajude nas minhas fraquezas
Não sei como devo pedir
Espírito Santo, vem interceder por mim
Todas as coisas cooperam para o bem
Daqueles que amam a ti
Espírito Santo, vem orar por mim

Estou clamando, estou pedindo
Só Deus sabe a dor que estou sentindo
Meu coração está ferido
Mas o meu clamor está subindo

EYSHILA, *Espírito Santo*[3]

---

[3]Editada na MK Music.

Dias depois, eu estava na minha gravadora em uma reunião para decidirmos o repertório do Grupo Voices, grupo do qual eu fazia parte da época, quando a Fernanda Brum — minha amiga irmã, aquela do tipo que Deus coloca na nossa vida para sempre — estava presente. Ao me ouvir cantar a canção, ela começou a chorar a ponto de soluçar e caiu de joelhos na sala adorando a Deus. Lembro perfeitamente daquela cena. Ela foi tomada pela dor que havia em seu coração por não conseguir segurar um bebê em seu ventre. Já havia perdido duas crianças até então, e nem sabia que perderia mais duas em um futuro muito próximo. Ao vê-la chorar daquele jeito, tocada pela canção, imediatamente ofereci para que ela a gravasse. E foi na voz dela que o Brasil inteiro passou a conhecer uma das canções mais lindas que Deus já me deu. Essa música foi inspirada na dor de uma amiga e foi interpretada por outra que também estava sofrendo a sua própria dor: uma chorando pela filha viva, a outra sofrendo pelos filhos que ainda não haviam nascido. As duas tinham algo em comum: eram minhas amigas íntimas, mulheres de Deus com o coração quebrantado e a alma abatida diante das dores impostas pela vida, e estavam na mão do Único que tem o consolo e a resposta para cada uma de nossas dores e decepções: o amigo Espírito Santo. Fernanda Brum gravou *Espírito Santo*, a canção que escrevi para a Sara.

A propósito, Sara teve a sua vitória ao ver a filha transformada, restaurada e sendo usada por Deus no ministério da libertação de viciados em drogas. Hoje ela preside a Casa de Maquir, instituição sem fins lucrativos que visa a recuperação de dependentes químicos. É casada e tem três filhos. Uma mulher de Deus, cheia de fé e ousadia. Ela superou!

Fernanda Brum hoje tem dois filhos, Isaac e Laura, dois lindos milagres, que servem ao Senhor junto com ela e seu marido, pastor Emerson Pinheiro, na igreja Profetizando às Nações, na Barra da Tijuca. Eles também foram superiores às suas perdas.

Sabem o que mais elas duas têm em comum? Elas me aturam há quase trinta anos. Nunca pararam de me abraçar, consolar, aconselhar, orar por mim e me carregar cada vez que eu quase desisti de seguir. Elas são minhas amigas!

O que seria de nós, mulheres maravilhosas, se não fossem as nossas amigas? Amigas curam! Amigas expressam entre si o amor e a solidariedade de um Deus que não nos criou para vivermos isoladas nos momentos insuportáveis de angústia, muito menos nas horas de alegria. Que graça tem uma grande vitória se não temos para quem contar? Amigas também são ferramentas de Deus para nos moldar.

> *Como duas lâminas de ferro ficam mais afiadas quando são esfregadas uma contra a outra, assim dois amigos que discutem seus problemas com sinceridade acabam mais amigos e mais maduros do que antes (Pv 27.17).*

> *E esta é a maneira de medir o amor — o maior amor é demonstrado quando uma pessoa entrega a vida pelos seus amigos. Vocês serão meus amigos se me obedecerem. Eu já não os chamo de escravos, porque um escravo não sabe o que o seu senhor faz; agora vocês são meus amigos, e a prova é o fato de que eu lhes disse tudo o que o Pai me disse. Vocês não escolheram a mim! Eu é que escolhi vocês! Eu os chamei para irem e darem fruto, fruto que permanece, para que tudo o que pedirem ao Pai, em meu nome, ele conceda a vocês. Este é o meu mandamento: Amem-se uns aos outros (Jo 15.13-17).*

Tenhamos uma coisa muito clara em nossa mente. Por mais generosos que sejam os nossos amigos, eles jamais serão perfeitos. E por mais que nos esforcemos jamais atenderemos a todas as expectativas dos nossos amigos. Só existe um amigo perfeito: Jesus. Aquilo que falta em nossos amigos, filhos, maridos, pais ou líderes, Ele tem.

> *Porque em Cristo habita corporalmente toda a plenitude da natureza de Deus (Cl 2.9).*

Jesus foi nosso amigo ao se despojar do Seu trono de glória para nascer, viver e morrer como um de nós. Ele estava sempre cercado de amigos. Alguns mais chegados, ao ponto de recostarem a cabeça em Seu peito e lhe fazerem perguntas do tipo: "Quem vai te trair, Jesus?"

Todas as vezes que João se referiu a si mesmo no Evangelho que escreveu, ele se autodenominou: "o discípulo a quem Jesus amava."

Quando Jesus viu que a mãe dele se achava ali junto ao discípulo que Jesus amava, disse a ela: "Aí está o seu filho" (Jo 19.26).

Eu sou aquele discípulo! Eu sou testemunha destes acontecimentos e os registrei aqui. E todos nós sabemos que o seu testemunho é verdadeiro (Jo 21.24).

Foi o próprio João, aquele que se viu como o discípulo a quem Jesus amava, que decidiu registrar a sua história de amizade com Jesus, o Filho de Deus.

Precisamos de amigos com quem possamos construir uma história para contar às futuras gerações. Acima de tudo, precisamos permitir que Jesus encabece a lista de amigos que estarão ao nosso lado, vivendo conosco as histórias mais incríveis e participando da realização dos nossos sonhos mais impossíveis.

Amigo é muito mais do que alguém pra conversar, alguém pra abraçar
Amigo é uma benção que vem do coração de Deus pra gente cuidar
É assim que você é pra mim
Como uma pérola que eu mergulhei pra encontrar
É assim que você é pra mim
Um tesouro que pra sempre eu vou guardar.

Amiga, eu nunca vou desistir de você
E pela sua vida eu vou interceder
Mesmo que eu esteja longe
Meu amor vai te encontrar porque você é impossível de esquecer

Eu acredito em você
Eu acredito nos sonhos de Deus pra tua vida, amiga
Eu oro por você porque a tua vitória também é minha

EYSHILA, *Impossível de esquecer*[4]

Que Jesus, o amigo perfeito e fiel, seja aquele que lidera a lista de amigos que nos cercam em cada momento marcante que a vida nos

---

[4]Editora MK Music.

proporciona. Que tenhamos amigas corajosas como a Leiliane, que se esqueceu das suas próprias limitações e avançou em direção a alguém que ela nem conhecia, só pela alegria de salvar uma vida.

Amigas como Sara, que teve coragem de ser vulnerável e autêntica, e sua história gerou uma canção que até hoje inspira multidões. Amigas como a Fernanda, que cantou no meu casamento, filmou os meus partos, cantou para os meus filhos quando eles nasceram e também estava ao meu lado, segurando a minha mão quando aprouve a Deus recolher um deles. Você precisa de amigos que estejam presentes.

Mulher maravilhosa, em algum lugar desse mundo existem amigas maravilhosas, preciosas e poderosas, prontas para se unirem a você nas suas batalhas. Elas vão ajudá-la a superar. Quando elas aparecerem você vai saber. Amigas assim são impossíveis de esquecer.

https://bit.ly/2CZCMnW

PARTE TRÊS

PLANO DE DEUS

"Àquele que é capaz de fazer
infinitamente mais do que tudo o
que pedimos ou pensamos, de acordo
com o seu poder que atua em nós, a
ele seja a glória na igreja e em Cristo
Jesus, por todas as gerações, para
todo o sempre! Amém!"

EFÉSIOS 3:20-21

CAPÍTULO NOVE

Plano de Deus

Trago aqui este tocante testemunho de Bianca Toledo[1]:

Quem já experimentou a esterilidade em alguma área de sua vida sabe que ela é dolorosa. Nossa consciência é cruel em nos punir quando somos confrontados com alguma incapacidade nossa, ainda que seja física. Sentimos que de alguma maneira falhamos.

Eu descobri que não podia ter filhos com 16 anos. Tive de cauterizar meus ovários por causa da endometriose em uma cirurgia por videolaparoscopia. Ouvi que não engravidaria. Ainda era nova, mas sonhava desde criança com a maternidade; esse instinto é muito forte em mim. Fui confrontada com muitos exames negativos e sintomas falsos no decorrer da minha vida e já me achava velha quando Deus disse que alegraria minha casa tocando meu ventre e atendendo minhas orações. Nunca cansei de pedir, mas com o tempo minha fé tinha esfriado. Deus não se aflige com nossa espera, Ele não sofre a angústia do tempo. Na eternidade estamos todos plenos com Ele. Aqui por muitas vezes nos achamos incompletos porque desfalecemos corroídos pela ansiedade. Em Deus tudo já aconteceu. Às vezes acho que precisamos pensar como Ele.

---

[1]Bianca Toledo é pastora, cantora, escritora, *coach* e palestrante internacional.

NADA PODE CALAR UMA MULHER DE FÉ

Eu havia me casado precipitadamente para não ficar sozinha e também pressionada por amigos que achavam o correto na minha idade. O casamento foi um erro e em menos de dois anos eu já tinha me separado duas vezes. Sentia-me usada e abandonada. Porém, como prometido, aos 31 anos engravidei, isso no meu primeiro casamento. Para a minha pouca fé, a gravidez foi uma surpresa. Mas a cada dia da gravidez eu transbordava de maneira diferente pela graça de abrigar alguém dentro de mim. Eu falava com ele, cantava para ele, queria saber como ele era, como era seu choro, seus olhos... e se ia se parecer comigo. Eu tinha tanto amor dentro de mim guardado para ele... Com 36 semanas tive uma crise de choro e disse para Deus que, apesar de toda minha gratidão e de toda fidelidade dEle em me ouvir e atender, a minha vida estava bagunçada demais e eu não tinha um lar pronto para receber esse bebê. Chorei copiosamente enquanto escrevia uma carta para Deus, dizendo: "Pai, faça o que for preciso, mas me leva de volta para o centro da Sua vontade."

Eu não imaginava o poder dessas palavras. Dormi chorando sobre o papel e acordei com dores agudas no ventre, dores de perder o ar. Ainda faltava um mês para o parto, mas eu achei que o bebê estava nascendo.

Os médicos fizeram todos os exames e disseram que não havia nada de errado com o bebê, apesar de toda aquela dor e do vômito escuro. Quatro dias depois, internada ainda, decidiram tirar o bebê. No caminho da sala de parto eu vomitei e respirei esse vômito. Fui entubada às pressas e perdi o parto; a chegada do meu sonho. Não me lembro de nada... meu corpo entrou em choque. Tive uma peritonite com septicemia. Os órgãos pararam de funcionar e eu já estava em coma profundo sem nenhuma perspectiva de volta. Agradeço a Deus porque meu filho nasceu saudável, mesmo antes do tempo. Ele era lindo, loirinho de olhos azuis. Ficou doze dias na UTI e foi para casa, onde minha mãe — que havia vindo de longe para acompanhar o parto — teve de preparar tudo às pressas para receber o bebê, que ninguém sabia agora se teria uma mãe. Que dias difíceis! Quanto desespero todos experimentaram! Meu corpo já não

108

estava mais vivo, era mantido por máquinas. A falência múltipla de órgãos foi inevitável e eu precisava de muito sangue: cheguei a receber mais de trezentas bolsas.

Foi necessária uma campanha de doação de sangue que comoveu uma multidão. Começaram a orar por mim conhecidos e desconhecidos, porque eu estava sustentada pela fé e desenganada pela ciência. Falência cardiovascular, digestiva, respiratória, hepática, renal, infecção generalizada e, por passar inexplicavelmente meses nesse quadro (porque a literatura médica comprova que um paciente assim suporta somente 48 horas de vida artificial ligado em aparelhos), minha musculatura sofreu uma atrofia grave. Adoeci com uma miopatia multifatorial aguda. Sofri encurtamento de braços e pernas e tive atrofia da laringe e das pregas vocais. Por quatro meses com traqueostomia, já sem deglutir, eu não poderia mais falar normalmente. Havia me dedicado à música por toda a vida, com duas graduações. Tinha sido cantora e era *coach* vocal. Porém, naquele momento viver de novo já seria uma enorme conquista, mesmo que em uma cadeira de rodas precisando de ajuda para tudo. Os médicos diziam que o milagre seria voltar a respirar sem aparelhos, mesmo que fizéssemos transplante de todos os órgãos. Para piorar, no hospital contraí uma superbactéria multirresistente chamada KPC.

Creio que Deus realmente quis nos provar que nada é impossível para Ele, e que nenhuma piora o assusta ou impede Seu agir. Isso me lembra o milagre de Lázaro! Por que Jesus precisava demorar tanto? Era um amigo que Ele amava muito, mas Ele demorou quatro dias para chegar. Realmente Ele aguardava todas as esperanças daquela cultura se esgotarem, todas as respostas científicas e religiosas se esgotarem. Porque de fato Jesus está acima de tudo isso! Achamos que podemos criar Deus com nossa fé, mas Ele vem *antes* da fé, sendo Seu autor e consumador.

Em momentos de total falência física e emocional, encontramos com Ele. O esgotamento será sempre uma preciosa oportunidade de avivamento. É quando percebemos nossa insuficiência, nossa fraqueza e nossa extrema necessidade de vida, em tudo o que isso possa nos significar: precisamos de vida de verdade, saúde física, emotiva, social, familiar, ministerial, financeira e profissional.

E o equilíbrio que nos faz transbordar está em Deus.

Achamos que podemos criar Deus com nossa fé, mas Ele vem antes da fé, sendo Seu autor e consumador.

Depois de quatro meses de morte no corpo e na mente, eu ouvi a voz de Deus. Ele me visitou na UTI semi-intensiva e disse que me restauraria totalmente para dizer ao mundo quem Ele é e o que Ele fez por mim. Eu já tinha tido duas paradas cardiorrespiratórias de mais de dezoito minutos. Até hoje palestro em congressos de medicina para dizer que milagres acontecem e que nunca se deve desistir de fazer uma massagem cardíaca, mesmo que o paciente esteja sem vida por muito tempo. Digo que ele pode ser um crente que ora, e Deus pode decidir trazê-lo de volta. Milagrosamente, Deus me deu quatro litros de urina logo depois de ter falado comigo. Meus rins estavam parados há mais de 120 dias! Ninguém podia acreditar no que estava acontecendo, mas Deus me visitou no hospital e disse que me levaria por toda a Terra para dizer que Ele é real.

Conheci meu bebê já quando ele tinha 4 meses e meio, e fui liberada para tocá-lo com 7 meses. Fiquei de cadeira de rodas, sem cabelos e sem músculos saudáveis. Eu não tinha mais autonomia para falar, andar ou comer normalmente. Mas Deus estava falando poderosamente comigo todos os dias e me dizendo o que fazer. Aprendi a obedecer, crer e confiar. A gratidão e o quebrantamento mudaram a minha vida. Sei o valor do ar que eu respiro.

Por meses eu lia a Bíblia o dia inteiro. Eu já era cristã há quinze anos, mas agora as letras saltavam diante dos meus olhos e eu chorava. Demorei dois anos para conquistar total autonomia e nesse tempo não deixei de falar que Deus existe nenhum dos meus dias. Por sete anos consegui alcançar mais de cem milhões de pessoas no projeto Prova Viva e hoje ajudo essas pessoas a contar suas histórias de milagre e superação através do verdadeiro evangelho praticado com o poder da oração. *O milagre é a Bianca.*

Bianca Toledo

De fato, ó Deus de Israel, ó Salvador, o Senhor *cumpre os seus planos de maneiras misteriosas* (Is 45.15).

A frustração é uma intrusa que invade nossa vida disfarçada de insatisfação. Projetos não alcançados, sonhos não realizados, bruscas interrupções em nossos objetivos obviamente nos deixam muito frustrados. A frustração só existe quando alguma expectativa está em jogo. Sendo assim, quanto maior a expectativa, mais frustrados ficamos.

Ela não anda só. Sempre traz consigo uma caravana formada pelos seus amigos íntimos, a saber, a decepção, o desapontamento, o desgosto, a desilusão e a tristeza. Ficamos frustrados quando nossos ideais não são alcançados. Se não conseguimos superar uma frustração, ela pode se transformar em uma síndrome com sintomas ligados a desestruturações emocionais em vários níveis de intensidade, com diversas consequências.

Às vezes você pode se perguntar: posso pedir qualquer coisa a Deus se eu tiver fé suficiente? Eis a resposta da Bíblia para essa pergunta:

E esta é a confiança quando estamos na presença de Deus: que ele nos ouvirá todas as vezes que lhe pedirmos alguma coisa que esteja de acordo com sua vontade (1Jo 5.14).

Jesus nos deixou um modelo de oração. Não é uma reza para ser repetida milhões de vezes, nem um amuleto de proteção para se pendurar na porta de entrada da casa, mas uma orientação e um caminho de

NADA PODE CALAR UMA MULHER DE FÉ

comunicação com Deus. Jesus nunca deu uma aula aos Seus discípulos sobre como operar milagres ou mesmo pregar a Palavra. Ele simplesmente os enviou para tais tarefas. Mas Jesus se preocupou em nos ensinar a orar. Nesse modelo tão sublime deixado a nós por Jesus, passamos a saber algumas coisas muito importantes sobre Deus:

1. Ele é o nosso Pai.
2. Apesar de estar tão próximo a nós como um pai, Ele está no céu em um alto e sublime trono e governa o universo. Ele tem o controle de tudo.
3. Ele é santo, mas não é inacessível.
4. Ele deseja nos usar para manifestar o Seu Reino na terra. Não somente dentro das quatro paredes de um templo, mas em todos os lugares onde colocarmos a planta do nosso pé.
6. Ele deseja manifestar no mundo natural aquilo que já foi decretado no mundo espiritual.
7. Ele deseja suprir cada uma de nossas necessidades. Ele é o nosso provedor.
8. Ele tem prazer em nos perdoar e espera que façamos o mesmo pelos que nos ofenderam.
9. Ele deseja que sejamos vencedores sobre todo mal. O mal que há no mundo, o mal que há em nós mesmos e o mal que habita na própria pessoa de Satanás. Não há mal suficientemente grande que não possamos vencer em Deus.
10. Ele é o Rei que tem todo o poder, e a Ele devemos dar toda a honra e toda a glória para todo o sempre.

Antes de ensinar Seus discípulos a orarem, Jesus os adverte a não se comportarem como os pagãos. Ele enfatiza: Não sejam iguais a eles!

Não fiquem recitando sempre a mesma oração, como fazem os pagãos, que pensam que as orações repetitivas é que são eficientes. Não sejam iguais a eles. Lembrem-se: seu Pai sabe exatamente o que vocês precisam, até mesmo antes que vocês peçam a ele! (Mt 6.7-8).

A última coisa que Deus quer de nós é que nos relacionemos com Ele de forma mecânica e automática. Se Ele quisesse isso, teria criado robôs e não homens e mulheres a quem escolheu chamar de filhos. Outra coisa que me conforta ao ler essa oração é a certeza de que Jesus não nos ensinaria a orar por algo que Deus não estivesse disposto a realizar por nós. Vejo nitidamente dentro dessa oração os pedidos de toda a humanidade. Ricos ou pobres, sábios ou ignorantes, independentemente do seu berço e de sua origem, todos podem se enquadrar perfeitamente dentro do papel de quem se coloca diante de Deus para orar assim:

Pai nosso, que estás nos céus, santificado seja o teu nome; venha o teu reino; faça-se a tua vontade, assim na terra como no céu; o pão nosso de cada dia dá-nos hoje; e perdoa-nos as nossas dívidas, assim como nós temos perdoado aos nossos devedores; e não nos deixes cair em tentação; mas livra-nos do mal [pois teu é o reino, o poder e a glória para sempre. Amém]! (Mt 9-13).

Tudo o que Deus nos orienta a pedir, Ele está disposto a nos dar. Tudo o que Jesus nos incentivou a buscar, Ele está disposto a nos fazer encontrar. O que pode acontecer eventualmente é uma diferença de interpretações e pontos de vista. Nosso olhar sobre a vida não tem a mesma amplitude que o olhar de Deus. Ele tudo vê, tudo pode e tudo sabe. Ele tem uma visão privilegiada do nosso ser e do universo ao nosso redor. Conhece o passado, o presente e o futuro. Na nossa visão limitada de vida, não admitimos o quanto Deus pode estar certo sobre tudo o que nos diz respeito, e o quanto Suas decisões têm um impacto maravilhoso sobre nossa vida, ainda que não combinem com aquilo que sonhamos e idealizamos. Como Pai, Ele nos corrige e nos conduz de volta ao caminho certo, do qual sempre nos desviamos para seguir nossos instintos pessoais e nossas vontades. Ele nos perdoa cada vez que nos arrependemos dos nossos erros e nos abraça com a Sua maravilhosa graça. Alguém já disse, com razão, que não existe abismo profundo o suficiente que a corda da graça não possa alcançar.

Sempre que sou desafiada a orar por causas impossíveis na vida das pessoas, especialmente enfermidades incuráveis, eu afirmo: "O nosso papel é crer e clamar pelo milagre." Não cabe a ninguém adivinhar aquilo que Deus não desejou revelar.

Não existe abismo profundo o suficiente que a corda da graça não possa alcançar.

Raríssimas foram as vezes em que fui orar por alguém doente e Deus mostrou que iria levar essa pessoa para a eternidade. Uma dessas vezes foi em Macapá, junto com a pastora Antonieta Rosa. Fui acompanhá-la a uma visita junto com Jozyanne, uma grande amiga desde a infância. Chegando lá, o enfermo era um pastor, que havia sofrido um derrame e já estava acamado há algum tempo. A pastora Antonieta, com a ousadia e a coragem de uma profetisa que não tem compromisso em agradar a homens, mas obedece à direção de Deus, relatou à esposa do pastor a visão que havia tido com uma linha de chegada e do outro lado um jardim, que o pastor atravessaria. A visão era linda, trazia a certeza do lugar onde aquele bravo homem de Deus passaria a eternidade, mas, sempre que o assunto é despedida, o sentimento é de tristeza e pesar. Nunca estamos preparados o suficiente para nos despedir de quem amamos. Mesmo sabendo que um dia nos encontraremos com eles no céu, choramos e sofremos pela realidade de não mais tê-los aqui desse lado da eternidade. A vida eterna é um consolo, mas a saudade não deixa de existir por causa dessa realidade latente em nosso coração.

Alguns anos depois, voltei àquela cidade e encontrei a viúva daquele pastor. Ela me disse que tudo tinha acontecido como a pastora havia profetizado, e que Deus havia cuidado dela e de toda a família. Aquela palavra trouxe consolo ao coração de todos os que amavam o pastor. Naquele caso, Deus avisou a família sobre os Seus planos a fim de que ela se preparasse. Eles foram abraçados pelo amigo Espírito Santo. Fomos orar por cura divina, mas aprouve a Deus curá-lo para Si mesmo. A oração foi respondida, só não foi do jeito que a família desejava. Porém, junto com a dor, Deus enviou o consolo. Eventualmente isso acontecerá em nossa vida. Assim na terra como no céu me diz que podemos pedir qualquer coisa a Deus, desde que estejamos dispostos a aceitar a Sua vontade.

> *Ele afastou-se um pouco, ajoelhou-se e começou a oração: 'Pai, se o Senhor quiser, afaste de mim este cálice. Porém, eu quero fazer a sua vontade, e não a minha'. Então apareceu um anjo do céu que o fortalecia, porque ele estava em tal agonia de espírito que começou a suar sangue, com gotas caindo ao chão enquanto orava cada vez mais fervorosamente* (Lc 22.41-44).

Jesus orou ao Pai para que, se possível, Ele fosse poupado daquele cálice de dor. A pior dor que Jesus estava prestes a sofrer, no entanto, não era a dos cravos ou das chicotadas que rasgariam a Sua carne, mas a dor do vazio causado pela ausência momentânea de Deus, naquele instante em que todo o pecado da humanidade repousaria sobre Ele.

Diante daquela expectativa Ele sofreu tanto que suou gotas de sangue. O evangelista Lucas foi o único que registrou esse detalhe tão importante do sofrimento que precedeu a crucificação, talvez pelo fato de ser médico. O que aconteceu com Jesus a ciência chama de hematidrose, e normalmente acontece em situações relacionadas a um extremo estresse físico e psicológico. A tensão, nesse caso, é tão violenta que pode provocar a dilatação dos vasos subcutâneos, principalmente aqueles próximos das mucosas e glândulas sudoríparas. Os vasos se rompem, e o resultado é sangue e suor se misturando. Imagine a condição emocional de Jesus, ao carregar sobre Seus ombros o peso dos pecados de toda a humanidade. Imagine a angústia, a agonia, a tristeza, a solidão. Precisou aparecer um anjo do céu para ajudá-lo a superar aquele momento.

> *Então Jesus clamou com grande voz: 'Eloí, Eloí, lamá sabactâni?', que quer dizer: 'Meu Deus! Meu Deus! Por que me abandonou?'* (Mt 27.46).

Jesus atingiu o ápice do sofrimento humano. Não houve dor que se comparasse à dEle e não houve situação que Ele não tivesse superado através daquela escolha de se entregar por nossos pecados, mesmo diante do "não" do Pai. Até Jesus orou para que o Pai O poupasse daquela dor, mas Deus já tinha traçado um plano e deu prosseguimento a ele. Não é fácil aceitarmos uma decisão de Deus quando ela não combina com a nossa vontade. Mas é necessário. Ninguém vence um sim do céu. Não temos melhor escolha do que nos lançar em Seus braços e confiar.

Ninguém vence um sim do céu.

Existem coisas na vida que o humano não vai entender, o cético vai questionar e os incrédulos vão murmurar. Mas os que confiam no Senhor terão forças renovadas. Perguntar-se-ia: Por que o Matheus, uma pessoa tão boa? Porque os céus são feitos de coisas boas! Matheus está com o Senhor, e o consolo do Espírito é o nosso amparo. Não foi falta de oração, fé, jejum nem unidade. Na verdade, ninguém consegue vencer um "sim" do céu quando o Eterno decide convocar Seus heróis. Assim, seja estabelecida a vontade do Rei quando Seus embaixadores são convocados para prestar relatórios, alguns com mais longos dias de vida, outros com dias menos extensos. Deixará saudades, Matheus; ficou marcado na história, se fez conhecido e amado pelo povo de Deus e por muitos amigos seculares. Aos pais, parentes e amigos, nossos sentimentos. A dor do luto será compensada pela presença do Espírito Santo.

RENÊ TERRA NOVA
Texto publicado em seu Instagram pessoal

A "dor" e a "presença" do Espírito Santo. Como duas situações aparentemente tão distintas podem conviver harmoniosamente? Parece que não combinam. Em nossa maneira limitada de enxergar a vida, não conseguimos conceber o fato de que Deus habita em nossas dores.

Foi C. S. Lewis quem afirmou que "Deus sussurra em nossos ouvidos por meio do prazer, fala-nos mediante nossa consciência, mas clama em alta voz por intermédio de nossa dor."

Será que nesse momento da sua vida você consegue identificar o tom da voz de Deus? A verdade é que nossos gritos de dor muitas vezes sufocam o som da voz do Senhor. Às vezes Ele não fala o que queremos escutar, mas sempre tem algo a dizer. Às vezes a Sua resposta negativa no mundo natural é o resultado de uma resposta positiva no mundo espiritual.

Para os fiéis, até a morte é bênção e vitória da parte do Senhor (Sl 116.15).

Para nós, a morte sempre será uma tragédia. Será o último inimigo a ser vencido por Jesus.

O último inimigo a ser destruído é a morte (1Co 15.26).

A morte sempre será encarada como uma inimiga feroz que persegue a todos até que os alcance um por um. Aos que dormem no Senhor, resta um repouso. Aos que ficam, resta a saudade.

A saudade passa? Acredito que não. Mas Deus concede graça aos que ficaram a fim de que eles suportem. Todos os dias eu enfrento a saudade que o Matheus deixou. Porém, na mesma proporção da saudade que ficou, Deus derrama sobre mim a Sua graça e o Seu consolo. Acho que, quando chegamos a esse entendimento, podemos afirmar que chegou a "saudade boa."

Na eternidade
Sem sentir saudade
Vamos adorar a Deus
Vamos adorar a Deus
Na eternidade
Com os meus amados
Do jeito que eu sempre quis

Do jeito que eu sempre quis
Porque lá no céu toda hora
É hora de ser feliz...

EYSHILA, *Na eternidade*[2]

Orar para que seja feita a vontade de Deus "assim na terra como no céu" requer muita coragem e determinação. Acreditar que Deus tem as melhores decisões ao nosso respeito envolve muita confiança e intimidade no relacionamento. Deparar-se com o "sim" do céu na nossa caminhada muitas vezes significa assumir um novo olhar sobre a nossa realidade. Enxergar a realidade sob esse novo olhar requer coragem e vontade de viver. Porém, quem tem uma história de amor com Deus tem uma história de amor com a vida. Deus é o autor da vida. Ele não nos enganou sobre a questão do sofrimento, antes nos advertiu de que neste mundo, neste plano e nesta realidade passaríamos por aflições. Se as aflições são eventualmente inevitáveis, precisamos aprender a lidar com elas à maneira de Deus, ou seja, da forma como Jesus nos ensinou:

Pai, se o Senhor quiser, afaste de mim este cálice. Porém, eu quero fazer a sua vontade, e não a minha (Lc 22.42).

Naquele momento de dor na trajetória de Jesus, o grito do Pai era: "Aguente firme, filho! Você vai dar conta da sua missão!"

Ao aceitar o "não" de Deus na terra, Jesus estava conquistando o "sim" do céu para toda a humanidade. Nossa redenção é resultado de um momentâneo não de Deus ao Seu próprio Filho Jesus. Como você pode ver, o sim ou não de Deus são apenas uma questão de ponto de vista.

Quantos dias passei chorando, tentando arrancar de Deus uma explicação que fizesse algum sentido para mim. Como se as Suas explicações pudessem atenuar a minha dor. Naquele tempo de profundo pesar passei até mesmo a compreender as razões daqueles que buscam um

---

[2]Canção gravada por Bruna Karla, em memória de sua mãe que partiu quando Bruna estava com apenas 13 anos de idade. MK Editora.

PLANO DE DEUS

meio de comunicação com os mortos. Se eu não tivesse plena convicção no quanto essa prática é abominável para Deus, e também não tivesse absoluta certeza de que essa comunicação não passa de uma estratégia do inimigo para nos afastar ainda mais de Deus na hora da dor e nos aprisionar ao problema, eu teria recorrido a esse mecanismo. Digo isso com muito respeito e profunda solidariedade a todos os que, assim como eu, despediram-se de alguém que muito amavam e pensaram que jamais superariam tamanha dor.

Imediatamente após a partida do Matheus, ainda sob o efeito do impacto que o "sim do céu" causou em mim, no meu marido e no Lucas, nosso filho caçula, recebi um vídeo do pastor Dean, pastor e cantor do grupo *Phillip's, Craig and Dean*, de Dallas-Texas, no qual ele me dizia:

> *Eyshila, todos nós oramos pela cura do Matheus. Aqui em Dallas, nossa igreja também intercedeu por ele. Aprouve a Deus recolhê-lo. Você sabe que um dia irá encontrar com ele na eternidade. Porém, essa certeza não fará com que você sinta menos saudade. Sendo assim, meu conselho a você é esse: Pare de perguntar a Deus o "porquê" e passe a perguntar a Deus "o que" fazer entre o dia de hoje e aquele grande dia no qual você encontrará o seu filho novamente.*

> *Entre a promessa e o cumprimento*
> *Existe uma ponte*
> *Que se chama tempo*
> *Tem que esperar, precisa acreditar*
> *Em Deus*
> *Descanse o seu coração*
> *Tire o olho da preocupação*
> *Deus tem um milagre pra você todo dia*

> EYSHILA/DELINO MARÇAL, *Descanse o seu coração*

No breve intervalo que nos separa da eternidade, existe algo que podemos realizar, existe uma dor que podemos ressignificar e existe um caminho que não podemos abandonar. Como disse o apóstolo Renê Terra Nova em seu texto, "alguns com mais longos dias de vida, outros com dias menos extensos", porém todos, sem exceção, terão de lidar com essa parte da vida chamada morte.

Pode ser que alguém consiga burlá-la por um breve período, como foi o caso do rei Ezequias, que ganhou mais quinze anos de vida depois de ter recebido do profeta Isaías a missão de arrumar a casa porque havia chegado a sua hora de partir.

> *Naquele tempo Ezequias ficou muito doente, e sua doença era mortal. O profeta Isaías, filho de Amós, foi fazer uma visita ao rei e lhe disse: Assim diz o SENHOR: 'Ponha seus negócios em ordem e prepare-se para morrer. Você não vai sarar dessa doença' (2Rs 20.1).*

Ezequias clamou a Deus e chorou amargamente pedindo mais um tempo na terra. Então, antes que Isaías saísse do pátio, Deus mandou que ele voltasse ao palácio com um novo recado para o rei: "Ezequias, ouvi sua oração, vou curá-lo e daqui a três dias você vai sair dessa cama. Porém, vou acrescentar-lhe apenas quinze anos."

Decorrido esse tempo, não houve mais como o rei ceder a sua vez na fila cuja senha todos querem passar para o próximo, se possível. O "sim do céu" chegou para ele também.

Lázaro foi outro que, já morto há quatro dias, ouviu o seu nome sendo chamado pelo próprio Deus encarnado e, não podendo resistir ao som daquela voz, voltou para o seu corpo já em estado de putrefação pelos quatro dias de sepultamento. Porém, um dia, a Bíblia não nos relata quando nem de que forma, Lázaro morreu, e está aguardando a ressureição, assim como todos os que dormem no Senhor.

> *E agora, irmãos, quero que vocês saibam o que sucede a um fiel quando ele morre, para que não fiquem cheios de tristeza como aqueles que não têm esperança. Visto que nós cremos que Jesus morreu e depois voltou à vida, podemos também crer que, quando Jesus voltar, Deus trará de volta com ele todos os irmãos que já morreram. Posso dizer-lhes, diretamente do Senhor, que nós, os que ainda estivermos vivos quando o Senhor voltar, não subiremos para encontrá-lo antes daqueles que já morreram. Pois o próprio Senhor descerá do céu com um potente clamor, com o brado do arcanjo e com o toque*

da trombeta de Deus, e o Senhor descerá dos céus, e os mortos em Cristo ressuscitarão primeiro. Então nós, os que ainda estivermos vivos, seremos arrebatados até eles nas nuvens, a fim de nos encontrarmos com o Senhor nos ares e ficarmos com ele para sempre. Portanto, confortem-se e encorajem-se mutuamente com essas palavras (1Ts 4.13-18).

Confortem-se e encorajem-se! "O sofrimento é um meio insubstituível pelo qual se aprende uma verdade indispensável."[3]

O sofrimento é um meio insubstituível pelo qual se aprende uma verdade indispensável.

A autora dessa frase, Elisabeth Elliot, casou-se com Jim Elliot em 1953, na cidade de Quito, capital do Equador. Em janeiro de 1956, seu marido foi sequestrado com mais quatro de seus amigos missionários enquanto tentava evangelizar a tribo indígena dos Uarohani. Victoria, sua filha, tinha apenas 10 meses de vida quando o pai foi morto. Elisabeth teria todo o direito de voltar a seu país para buscar consolo nos braços dos seus familiares e amigos mais chegados, mas ela escolheu ficar mais dois anos naquele lugar de tristes lembranças. Sabem o que prevaleceu na vida de Elisabeth? A esperança. Quando a esperança prevalece sobre as lembranças, conseguimos superar qualquer tipo de dor sem abandonar o chamado. Dois anos é exatamente o tempo que os psicólogos dizem ser fundamental para que o luto comece a sarar, mas, em vez de voltar para a sua casa e vivenciar seu luto ao lado dos seus familiares, Elisabeth escolheu seguir com a sua missão. Ela percebeu que

---

[3]ELLIOT, Elisabeth. *Suffering is never for nothing* [O sofrimento nunca é por nada]. Nashville: B&H Books, 2019.

havia o que fazer, mesmo sem entender o "porquê." Ela escolheu seguir pregando a Palavra na qual ela tanto acreditava, mesmo enquanto chorava. Ela aprendeu a língua dos assassinos do seu marido e escolheu amá-los ao invés de odiá-los. Ela escolheu perdoá-los, ao invés de abandoná-los. Há quem diga que isso é tentar ignorar o luto e que essa decisão pode trazer sérias consequências no futuro. Quanto a isso, tudo o que posso dizer, por experiência própria, é que o luto não tem manual. Cada um encontrará o seu próprio caminho de cura e superação, de preferência na presença de Deus.

No ano de 1969, Elisabeth se casou com Addison Leitch, professor de teologia do seminário de *Gordon-Conwell*. Em 1973, ficou viúva pela segunda vez. Em 1977, casou-se de novo com Lars Grens, capelão de um hospital.

Deixou-nos um legado como escritora, palestrante e também como colaboradora na tradução da Bíblia NVI (Nova Versão Internacional).

Elisabeth enfrentou muitas dores, mas nunca desistiu. Ela morreu aos 88 anos de vida, mas o seu legado permanecerá para sempre vivo em nosso coração.

Foi ela quem definiu o sofrimento como "ter o que não se deseja e desejar o que não se pode ter." A triste realidade é que jamais teremos tudo na vida. Na verdade, há momentos nos quais chegamos a pensar que não vamos sobreviver diante do que nos falta, ou mesmo daqueles que nos faltam. Nessas horas precisamos ousar sair da posição de total desesperança e nos dirigir corajosamente à próxima estação. Se para você tem sido difícil lidar com o "sim do céu", porque ele se parece com um "não da terra", saiba que Jesus está à direita de Deus, intercedendo por você, clamando em alta voz através da sua dor, e uma das coisas que Ele quer que você acredite é: Você vai dar conta! Aguente firme!

Portanto, não desista antes de experimentar o que vem depois da curva. Você nem imagina quantas alegrias Deus planejou para você nessa aventura que se chama "vida." Então, fique viva! Ame a vida! Espere pelo melhor dessa trajetória entre o hoje e a eternidade. Afinal, seja você uma jovem de apenas 17 anos ou uma idosa de 88, a eternidade é logo ali.

CAPÍTULO DEZ

Mais sobre perdão e perseverança

Recentemente conversei com uma mulher que estava devastada pela dor da perda de seus dois filhos gêmeos de 20 anos de idade em um acidente de carro. Fiquei perplexa diante da cena que ela me relatou, de um enterro com dois caixões, um de cada lado, ambos de seus filhos. Além de ter que lidar com a dor da perda, ela precisava lidar com a dor da culpa por ter lhes dado o carro de presente. Seu casamento naufragava aos poucos. O marido, que era cardiologista, conseguia consertar o coração dos seus pacientes, mas jamais seria capaz de curar a ferida emocional do seu próprio coração. Aquela linda mãe, uma psicóloga acostumada a lidar com a dor na alma dos outros, mostrando-lhes o escape e a cura de seus distúrbios emocionais através das ciências do homem, sentia-se incapaz de se ver acima daquela dor. Abracei-a bem forte e fiz por ela uma oração, mas eu sei, assim como toda mãe que enterrou um filho sabe, que não há palavras que tragam alívio a alguém nesta situação. Esta é uma tarefa sobrenatural que cabe somente ao Espírito Santo. Ele também usa pessoas para consolar outras pessoas, mas não necessariamente com palavras.

Ele afasta de nós a nossa culpa pelo pecado, tanto quanto o Oriente está longe do Ocidente (Sl 103.12).

Muito pior do que conviver com a dor da despedida é ter que lidar com a dor da culpa. Se a culpa não fosse um problema tão pertinente, certamente haveria menos trabalho nos consultórios terapêuticos e psiquiátricos. A culpa, seja fundamentada em uma verdade ou não, jamais será uma aliada na hora da dor, muito pelo contrário. Impiedosamente, ela assume o papel do carrasco que açoita com um chicote a nossa alma nos fazendo sangrar até que não tenhamos mais forças para continuar vivendo. Certamente há um caminho de superação para quem está vivenciando suas perdas, mas a culpa, definitivamente, não pode fazer parte dele.

Não me refiro à culpa inerente ao pecado, que leva ao arrependimento, à confissão e ao perdão. Refiro-me àquela que nos mantém encarceradas em nossas dores, ofuscando a nossa visão de vida após as perdas e frustrações.

Esse tipo de culpa pode ser fatal na vida de alguém. Judas não tirou a sua própria vida por estar arrependido do que fez, mas por se sentir perseguido pela culpa.

> Com o dinheiro que ele recebeu pelo seu pecado, foi comprado um campo. O próprio Judas, na sua queda, rebentou-se, e suas entranhas se esparramaram. A notícia da morte dele espalhou-se rapidamente no meio do povo de Jerusalém, e puseram no lugar o nome de Aceldama, que quer dizer: "Campo de Sangue". Pedro continuou: "Porque está escrito no Livro dos Salmos: 'Que a sua casa fique deserta, sem ninguém morando nela'. E ainda: 'Que o trabalho dele seja entregue para um outro fazer'" (At 1.18-20).

Pessoas perseguidas pela culpa deixam obras inacabadas. O arrependimento é sempre bem-vindo e oportuno na história de quem errou. Ele gera perdão e libertação. A culpa, por outro lado, só serve para deturpar a nossa própria imagem diante do espelho e, por conseguinte, a imagem do próprio Deus. Ao invés de lidarmos com um Deus amoroso e perdoador, passamos a lidar com a imagem irreal de um Deus carrasco e perseguidor. É esse o papel da culpa. Ela transforma vítimas de estupro e pedofilia em verdadeiros vilões. Quem nunca escutou a história de alguém que foi abusado, mas não denunciou porque se viu como culpado e manteve silêncio sobre os abusos por um bom período de tempo?

Quantas mulheres passaram anos sendo espancadas pelos seus maridos, aqueles que deveriam protegê-las e dar a vida por elas! Essas mesmas vítimas, as que sobreviveram para contar suas histórias, disseram em muitas ocasiões: "Ele me bateu, mas eu devo ter sido a culpada. Afinal, eu reclamei, não atendi as expectativas, questionei, não fui compreensiva, falei demais..." e a lista continua. A culpa deturpa completamente a nossa visão real dos fatos. Queremos um alvo para onde possamos apontar o nosso canhão. Na falta desse alvo, apontamos o canhão para nós mesmos. Isso é doentio e pode ser fatal. Ninguém consegue lidar com um inimigo que tem acesso a nós o dia inteiro e não nos dá trégua. É uma luta covarde de uma pessoa ferida e indefesa contra um gigante feroz e impiedoso. Cabe ao ferido buscar proteção debaixo do sangue de Jesus, o mesmo que resolveu definitivamente o problema do pecado. Ainda que a culpa que carregamos tenha fundamento, Jesus a levou sobre si. Basta tão somente que ela seja exposta ao poder da cruz. Não existe culpa suficientemente poderosa aos olhos de Jesus.

Uma das canções mais lindas que conheço foi escrita por um homem que tinha tudo para passar o resto de seus dias sendo açoitado pela culpa.

> *Se paz, a mais doce, me deres gozar*
> *Se dor a mais forte eu sofrer*
> *Oh, seja o que for, Tu me fazes saber*
> *Que feliz com Jesus hei de estar*

> *Sou feliz com Jesus*
> *Sou feliz com Jesus, meu Senhor*

Quando Horatio Gates Spafford despediu sua esposa e suas quatro filhas naquele navio rumo à Inglaterra, ele não imaginou que receberia um bilhete de Anna, sua amada esposa, que dizia: "Salva sozinha." Ele estaria naquele mesmo navio, não fosse por alguns compromissos de última hora que o obrigaram a permanecer por mais tempo em Chicago.

Imagino o conflito de Horatio cada vez que a traiçoeira culpa tentava açoitá-lo com pensamentos inimigos, responsabilizando-o por não ter estado lá para salvá-las. Nessas horas surgem os famosos porquês. Por que não evitei? Por que não cancelei a viagem? Por que não previ? Por que Deus não me deu nenhum sinal? Por que não orei mais? Por que não lutei mais? Por que, por que e por quê? Todos esses pensamentos podem nos visitar eventualmente, seja qual for a perda que sofremos. Às vezes a perda não diz respeito a um ente querido, mas a um sonho, relacionamento ou projeto profissional. Todos vivenciam seus lutos, suas perdas pessoais na vida.

Spafford não permaneceu estagnado em meio àquela perda irreparável. Ele a enfrentou viajando até a Inglaterra para encontrar a sua esposa. Passando perto do local da morte de suas filhas, ele escreveu uma das mais lindas canções que o mundo já escutou: *It is well with my soul*, cuja tradução literal é "Está tudo bem com a minha alma." Na adaptação para o português, tornou-se " Sou feliz com Jesus."

Outra parte da letra que ele escreveu, que mais tarde ganhou a melodia do músico Phillip Bliss, diz assim:

> *Embora me assalte o cruel Satanás*
> *E ataque com vis tentações*
> *Oh, certo eu estou, apesar de aflições*
> *Que feliz eu serei com Jesus*

Depois do naufrágio, a esposa de Horatio Sparrow teve mais duas filhas e um filho também chamado Horatio, que veio a falecer com 4 anos de idade de uma doença chamada escarlatina. Após mais uma tragédia na família, Horatio, sua esposa e suas filhas reúnem suas forças para seguir rumo a Jerusalém liderando um grupo de treze adultos e três crianças e fundam uma sociedade que chamaram de Colônia Americana. Eles iniciaram um trabalho filantrópico sem rótulos e sem fachada de igreja, e com isso ganharam a confiança até mesmo dos muçulmanos, além de pessoas de diversas religiões, incluindo judeus e cristãos. Tiveram um papel de relevância durante e depois da Primeira

MAIS SOBRE PERDÃO E PERSEVERANÇA

Guerra Mundial. Spafford morreu trabalhando para o Reino de Deus, cumprindo o seu chamado e tornando cada dia seu significante e relevante na Terra.

Se ele tivesse permanecido em Chicago lambendo as feridas causadas pela culpa de não ter embarcado com sua família para aquela fatídica viagem, Horatio jamais teria experimentado a cura que viria através das novas experiências que Deus estava traçando para ele e Anna, sua esposa. É claro que novas experiências também trazem novas dores, mas o que é uma nova dor para quem já superou o insuportável na presença do Espírito Santo, o Consolador?

Quando ouço histórias como a daquela mamãe dos gêmeos, ou a de Horatio e Anna Sparrow, viajo além da minha própria dor e percebo que não sou a única que sofre na face da terra. Todos têm sua dose de cálice amargo no desbravar da sua jornada. Não há vida totalmente isenta de crises. Algumas são mais visíveis, outras permanecem em segredo, mas elas existem em todas as famílias. Até mesmo na Bíblia sagrada, a santa Palavra de Deus, as crises são livremente expostas na história de vida de cada herói ou heroína que Deus escolheu usar, como uma forma de nos comunicar que não é a ausência de problemas que nos fará chegar mais longe, mas a nossa capacidade de lidar com eles sob a ótica de Deus.

Ouso dizer que o sofrimento, se submetido a Deus, tem o poder de aguçar a nossa criatividade. A natureza divina que habita em nós faz com que tenhamos essa capacidade sobrenatural de gerar vida a partir do caos. Nos piores momentos da minha história nasceram as melhores canções. Uma delas é esta:

Sei que estás aqui, Senhor
Podes perceber quem sou
Podes ver se há em mim
Um verdadeiro adorador
A minha oferta eu
Ofereço a ti, Deus meu
Pra reconhecer que nada tenho
Tudo é teu
Quero te adorar ainda que a figueira não floresça

Quero me alegrar mesmo se o dinheiro me faltar
A vitória vem mesmo que pareça que é o fim
Pois Tu és fiel, Senhor, fiel a mim
Tu és fiel, Senhor
Eu sei que Tu és fiel
Tu és fiel, Senhor
Eu sei que Tu és fiel
E ainda que eu não mereça
Permaneces assim
Fiel, Senhor, meu Deus
Fiel a mim
Fiel, Senhor, meu Deus
Fiel a mim

Eyshila, *Fiel a mim*

Essa canção foi inspirada na oração do profeta Habacuque, e nós vamos meditar um pouco mais profundamente sobre isso logo adiante, nos próximos capítulos. Por ora, quero apenas lembrar a você, que Deus permanece fiel, querida amiga que viaja comigo pelas páginas desse livro. Deus não perde a Sua natureza divina na medida em que enfrentamos perdas na vida. A fidelidade é uma qualidade intrínseca no caráter divino. É perfeitamente normal que, no meio da tempestade, questionemos se Ele não se importa que pereçamos. Se sentimos dor, seja ela física ou emocional, o nosso primeiro impulso é recorrermos à fidelidade de Deus. É normal que esperemos dEle um posicionamento em nosso favor e contra os nossos inimigos, que não são pessoas, mas poderes espirituais que habitam as regiões celestiais.

Porque nós não estamos lutando contra gente feita de carne e sangue, mas contra os poderes e autoridades, contra os dominadores deste mundo de trevas, contra as forças espirituais do mal nas regiões celestiais (Ef 6.12).

E, ainda que alguém usado por Satanás se levante para nos perseguir nessa vida, nossa luta não é contra essa pessoa, mas contra quem a está usando. Tenho visto mulheres se boicotando por conta de suas

MAIS SOBRE PERDÃO E PERSEVERANÇA

guerras contra maridos que as abandonaram há anos, já constituíram família e seguiram sua vida. Embora o divórcio seja um tema deveras complexo de se abordar nas igrejas, é uma realidade na vida de muitas mulheres, recém-chegadas ou não no convívio da congregação. Vamos descartá-las? Jamais! Vamos abraçá-las e amá-las de todo o coração. Deus odeia o divórcio, mas ama cada um seus filhos, sejam eles divorciados ou não. O divórcio é uma verdadeira amputação. Deus abandonaria um filho porque ele perdeu um dos membros do seu corpo? Creio que não.

Consequências são inevitáveis, isso é fato. Mas a fidelidade de Deus também se estende a esse tipo de tragédia. O divórcio não é plano de Deus para a vida de ninguém, mas sim um último recurso a que se recorre por causa da dureza dos corações. Assim como um divórcio, a falência, a traição por parte de um amigo íntimo, a decepção e principalmente o luto podem trazer à tona muitas dúvidas quanto à bondade e à fidelidade de Deus.

Meu conselho a você é: Em caso de dúvida, abrace a Palavra. Quando a dúvida lhe apresentar muitos motivos para desconfiar da fidelidade de Deus, esfregue na cara da dúvida as verdades contidas na Palavra de Deus sobre a Sua fidelidade. Fale em voz alta para que a dúvida escute e bata em retirada.

> *E passou diante de Moisés, proclamando: "Eu, somente eu, sou Deus compassivo e cheio de graça, paciente, cheio de misericórdia e de fidelidade* (Êx 34.6).

> *Os céus louvam as suas maravilhas, ó SENHOR! Os santos anjos louvam a sua fidelidade* (Sl 89.5).

> *Como é bom anunciar aos outros, cedo de manhã, a respeito do seu amor cuidadoso e constante, e à noite falar da sua fidelidade* (Sl 92.2).

> *O grande amor de Deus nunca termina. A única razão por não sermos completamente destruídos é a misericórdia do SENHOR. Ela é inesgotável. Ela se renova a cada manhã; grande é a sua fidelidade* (Lm 3.22-23).

NADA PODE CALAR UMA MULHER DE FÉ

O seu amor, Senhor, é mais alto que os céus. A sua fidelidade vai além das nuvens (Sl 36.5).

Cantarei para sempre o grande amor do Senhor! Anunciarei com a minha boca a sua fidelidade por todas as gerações! (Sl 89.1)

Porque o Senhor é bom! O seu amor cuidadoso e leal é eterno, e a sua fidelidade para conosco nunca acabará (Sl 100.5).

Não têm sido poucos os momentos na minha caminhada nos quais tenho sido diretamente desafiada a respeito da fidelidade do meu Deus. Quando isso acontece, encho o ambiente ao meu redor com a única ferramenta que pode produzir fé no coração de alguém: a Palavra. Quando a minha fé é colocada à prova como consequência das dores recentemente experimentadas, meu antídoto é a Palavra. Ela é viva e eficaz, mais poderosa do que uma espada de dois fios, penetra até a divisão da alma e do espírito, juntas e medulas, e consegue discernir os pensamentos e intenções do nosso coração (Hb 4.12), ainda que ele esteja completamente contaminado pela decepção.

Cante e ouça canções de adoração a Deus. Fique perto de gente que tem fé, mais fé que você. Gente de carne e osso, mas que já viveu frustrações e superou. Corra para a casa de Deus! Ficar trancada entre quatro paredes não vai contribuir com a sua cura; só vai trazer mais agonia. Seja encorajada pelos testemunhos de outras mulheres, cujos ministérios têm impactado gerações. Leia bons livros. Acima de tudo, leia e decore frequentemente trechos da Bíblia. Você vai ver o quanto essa ferramenta vai ser útil na hora da sua briga com o seu próprio eu, quando o diabo tentar convencer você a duvidar da fidelidade do seu Deus.

*As circunstâncias não podem
ser mais poderosas do que
Deus na sua vida.*

Acima de tudo, olhe para o seu passado com gratidão. Aquilo que ficou para trás não pode superar o que Deus está reservando para o seu futuro. Olhe para o seu presente com perseverança, mesmo que o mundo ao redor esteja em ruínas. As circunstâncias não podem ser mais poderosas do que Deus na sua vida. Olhe para o seu futuro com esperança. Você é mulher. Você tem em suas mãos a solução para algo insolúvel. Você tem uma força que ainda desconhece, porque Deus não vai lhe revelar de uma vez, mas pouco a pouco. Persevere em sua missão de ser mulher em toda a plenitude desse chamado. Lembre que, antes de ser mãe de um filho que morreu, você é filha de Deus. Antes de ser ex-mulher de um marido traidor, você é noiva de Cristo. Antes de ser dona de casa, pastora, cantora ou profissional liberal, você é uma obra perfeita de um Deus que a conhece antes mesmo de você existir. Você não é fruto de um erro de um Deus muito distante que tem mais o que fazer lá no céu. Você é uma mulher; alguém indispensável nas mãos de um Deus fiel.

CAPÍTULO ONZE

Entre a fé
e a depressão

Ali entrou numa caverna onde passou a noite. E a palavra do SENHOR veio a ele: "O que você está fazendo aqui, Elias?" (1Rs 19.9).

Trago desta vez o testemunho de Andreia Lima[1].

DEPRESSÃO FAMILIAR

A dor da alma é uma dor que, na maioria das vezes, só é compreendida em sua profundidade por quem já a vivenciou. É uma dor que em muitos casos não conseguimos descrever com palavras, mas somente com lágrimas. Essa dor aumenta quando sentimos que somos incompreendidos. O analfabetismo emocional de quem sofre atrapalha na comunicação, já que muitas vezes quem carrega a dor não foi educado a falar de suas emoções, mas apenas vivenciá-las e calar-se. Por outro lado, essa mesma inabilidade é encontrada em quem cuida ou convive com quem sente a dor emocional. A pessoa não sabe o que fazer para ajudar e, na maioria das vezes, no ímpeto de estancar a dor do outro, assume uma postura áspera e inadequada, contribuindo com isso, na maior parte dos casos, para o isolamento de quem tem depressão.

---

[1] Andreia Lima é psicanalista há quatorze anos e pastora.

Meu primeiro contato com a depressão foi quando minha mãe se separou de meu pai. Esse divórcio foi para ela como um golpe fatal que a levou a desistir da vida e entrar em uma depressão profunda. Para não sentir tanta dor diante de tamanha decepção, minha mãe se automedicava — o que é um erro — com calmantes de uso controlado. Passava dia e noite dopada querendo dormir para esquecer a dor. Quando ela acordava, começava a chorar novamente questionando por que aquilo tinha acontecido, dizendo que não aceitava aquela situação. Eu lhe oferecia comida, mas ela rejeitava por dias a fio, perdendo muito peso. Então, pegava mais dois ou três comprimidos, tomava-os e voltava a dormir molhada em lágrimas e soluços. Eu via minha mãe definhando diante de mim e sentia-me tão impotente sem saber o que fazer ou o que dizer. Eu era apenas uma adolescente de 15 anos que também sofria com o abandono do pai ao lar e tinha ficado responsável pela mãe deprimida e por dois irmãos menores. Por dias chorei escondida nas madrugadas, desesperada com a situação emocional e financeira de minha família.

Com o passar do tempo, as coisas em minha casa só pioraram. Minha mãe, sem nenhum tipo de assistência, teve seu estado agravado para uma depressão severa — pois existem níveis de depressão diferenciados. Hoje não me recordo como, mas ela foi internada em um hospital psiquiátrico. Ocorreu-me que, em uma das visitas, ao vê-la naquele lugar junto a pessoas com os mais diversos tipos de transtornos, começou meu interesse em estudar a mente e o forte desejo de ajudar os que sofrem com os males da alma. Recordo que saí daquele lugar andando devagar com pensamentos distantes, chorando e sentindo-me um fracasso. Disse a mim mesma que lutaria para tirar minha mãe dali.

Naquele período, eu não percebi, mas também já estava com depressão. Não tinha ânimo para nada. Cumpria as atividades domésticas, estudava e cuidava dos meus irmãos com muito pesar e de maneira automática. Esse tipo de depressão é chamado de distimia. Agradecia a Deus por chegar a noite, momento em que podia, no escuro e na solidão, chorar silenciosamente molhando todo o meu travesseiro até dormir. Pensava eu que as coisas não poderiam ficar piores, mas logo descobri, na época, que meus dois irmãos, o primeiro com cerca de 7 anos e o outro com 10, começaram a usar drogas. O mundo parecia ter desabado em minha cabeça. Era demais para eu suportar. Nesse dia, chorei tanto que achei que não tinha mais condições de gerar lágrimas e adormeci.

Nesse período, mesmo desconhecendo completamente o que eu estava vivenciando, saí do quadro depressivo com muita dificuldade, ocupando minha mente com o trabalho, voluntariando-me para algumas atividades e aprofundando minha intimidade com o Espírito Santo através das orações.

Algumas semanas depois, minha mãe recebeu alta, voltou para casa e encontrou mais um problema para administrar: o vício dos filhos. Vê-los naquela situação serviu para despertá-la para a vida, pois existia algo por que lutar e continuar a viver. Ela se tornou, por muitos anos, uma mulher triste e ressentida. Ao conhecer a Palavra de Deus, conseguiu superar suas dores emocionais e encontrar forças e sentido para continuar vivendo. Prosseguiu com seu acompanhamento psiquiátrico e psicológico, o que a ajudou bastante a superar as consequências da depressão. Depois de todos esses acontecimentos, tornei-me uma pessoa mais resiliente, dedicando-me aos estudos e a ajudar minha mãe e irmãos. A dor faz parte do crescimento pessoal. Decidi aprender a superar os obstáculos. Sei que hoje não seria quem eu sou se não tivesse passado pelo que passei. Adquiri inteligência emocional e descobri que dentro de mim existe uma força antes desconhecida.

O CRISTÃO PODE TER DEPRESSÃO?

Samuel Logan Brengel foi um grande homem de Deus que fez parte do Exército da Salvação. No livro que escreveu sobre ele, Clarence W. W. Hall reporta suas palavras: "Meus nervos estão em frangalhos, esgotados, e me sobreveio uma depressão e tristeza que nunca tinha experimentado antes, embora a depressão seja uma velha conhecida minha"[2]. Estar deprimido não é necessariamente um sinal de falha espiritual. Negar a possibilidade de que um servo de Deus entre em depressão, além de ser antibíblico, acrescenta à pessoa doente um forte senso de culpa, agravando ainda mais o problema. Dizer a uma pessoa deprimida que "ela não deve se sentir assim" é um fracasso; ou acusá-la, dizendo que "quem é de fato cristão não pode se sentir assim", é crueldade. Como alguns acham que não estão sujeitos à doença, não são capazes de entender quem sofre. Muitos, em vez de ajudar, colocam um fardo espiritual sobre o que sofre.

A depressão também está ligada à personalidade e a conceitos emocionais adquiridos. Você pode perguntar-me: "Hoje não somos novas criaturas e as coisas velhas já não se passaram?" O fato de nos tornarmos cristãos não significa que paramos de conviver conosco da maneira que somos. Não é mágica, mas um processo. Assim como Paulo, Pedro, João e tantos outros não se tornaram repentinamente outras pessoas, mas foram aperfeiçoados de glória em glória, assim também ocorre conosco.

Cada um de nós é diferente, cada um sente as coisas à sua maneira, cada um tem suas próprias reações e faz suas interpretações da vida de um modo pessoal. Embora não possamos trocar de temperamento, podemos permitir que ele seja controlado e moldado pelo Espírito Santo. As pessoas extremamente introspectivas e sensíveis são as que mais enfrentam problemas de depressão.

"(...) não há oposição entre ciência e religião. Apenas cientistas atrasados que professam ideias que datam de 1880." (Albert Einstein)

Quando dou aulas em seminários teológicos e tenho a oportunidade de estar com vários pastores e futuros ministros, sempre falo sobre a importância de estudar essa faceta de todo ser humano: a alma.

---

[2]Hall, Clarence W. W. *Samuel Logan Brengle: Portrait of a prophet* [Retrato de um profeta]. Pomona Press, 2007.

Muitos adquirem durante anos muito conteúdo teológico, mas saem analfabetos no que se refere à alma, às emoções e aos conflitos. Nosso exercício pastoral coloca-nos diariamente a mediar conflitos de relacionamento entre líderes, membros, casais, pais e filhos etc. O tempo todo, chegam a nós vítimas de abuso, violência, pessoas cheias de traumas, perdas e lutos. Muitos ministros, diante desse quadro de enfermos da alma, deparam-se também com suas feridas e problemas com os próprios filhos e esposa, dentro de seus lares.

No caso de pessoas com depressão, aproximadamente dois terços delas não fazem tratamento. Dos que procuram um clínico geral, apenas 50% destes são diagnosticados corretamente. Dos que não se tratam, a maioria tentará suicídio pelo menos uma vez na vida e infelizmente 17% destes conseguem se matar. Eu, assim como vários profissionais de saúde mental, tenho encontrado dificuldades em fazer com que cristãos portadores de depressão aceitem o diagnóstico e o tratamento. Esse quadro de resistência é reforçado nos evangélicos devido ao equívoco de acharem que a causalidade dessa doença seja divina ou proveniente de algum pecado ou ação de demônios, resultantes da falta de fé. Os profissionais cristãos têm tentado diminuir o ceticismo e a "miopia" nessa relação entre depressão, religião e psiquiatria.

A depressão é uma doença e não acontece do nada. Possui causas e propósitos que precisam e devem ser investigados para que a doença seja tratada de modo eficaz. A depressão é um sofrimento da alma que vai do estado leve ao grave. Pode ser de diferentes origens: espiritual, emocional, genético, químico ou biológico. O termo "depressão" vem do latim e é resultado da combinação de duas palavras: *de* (para baixo) e *premere* (pressionar). Trata-se de um estado de ânimo rebaixado em que o sentido de viver e de ver as coisas é suprimido.

Vivemos em uma época em que a tristeza toma proporções de epidemia. O inimigo de nossa alma, ao perceber essa fragilidade nas pessoas, tira proveito e utiliza-se de várias estratégias. Satanás sempre quer transformar a depressão emocional em uma derrota espiritual para nós. Como um rolo compressor, ele quer esmagar-nos a ponto de reduzir-nos a pó. O inimigo tenta derrotar-nos através da dúvida e do desânimo. Muitas pessoas, nessas condições, chegam a pensar que não há mais saída para elas, que esse sofrimento não tem fim, e vivem inundadas em lágrimas e sem um fio de esperança. Cabe a cada um de nós olharmos com misericórdia e socorrermos essas pessoas com braços de amor.

DEPRESSÃO APÓS O LUTO

Agora eu já era uma mulher, profissional da área de saúde mental e pastora. De forma rápida e repentina perdi meu pai. Foi um golpe muito duro e dessa vez entrei no meu quarto e passei dias sem querer ver a luz do dia nem me alimentar. Assim se passaram alguns meses e, um dia, decidi viver. Pensei que meu pai não desejaria me ver daquele jeito, ele amava a vida e me amava. Eu me levantei, troquei de roupa e fui sozinha a uma psiquiatra. Eu sabia que estava doente e que precisava de ajuda para reagir, por isso solicitei a ela ajuda medicamentosa. Fiz o tratamento por seis meses e depois disso segui minha vida. Coloquei como alvo me dedicar ao meu sonho de ser mãe e assim segui em frente. Venci a depressão com fé e tratamento, e minha recuperação foi mais rápida que da primeira vez.

DEPRESSÃO APÓS A PERDA DE UM FILHO

Por quatorze anos lutei contra a infertilidade, que eu percebia como uma montanha impetuosa entre mim e o meu grande sonho. Foram anos de tratamentos intensos tentando engravidar e passando por muitas frustrações. Devido aos medicamentos hormonais, desenvolvi obesidade, o que dificultava ainda mais essa gestação. Enfim, através de inseminação artificial, consegui engravidar do meu amado filho Benjamim. Finalmente, estava gestante, toda a família e os amigos comemoraram conosco.

Quando estava no sexto mês, com muita saúde e plenamente feliz organizando meu chá de *baby* para o mês seguinte, o inesperado aconteceu. Com apenas 24 semanas, entrei em trabalho de parto devido a uma insuficiência istmo-cervical (ou insuficiência do colo uterino), que quer dizer que o meu colo é mais fraco ou mais curto que o normal. Ao chegar à emergência, o procedimento seria fazer uma cirurgia chamada cerclagem. Porém, não havia mais tempo. Eu havia entrado em trabalho de parto e nem sabia. Foram momentos de muita tensão, medo e surpresa. Eu e meu marido não estávamos entendendo nada. Tive o Benjamim de parto normal. Ele nasceu muito pequeno, com menos de dois quilos, e foi direto para a UTI, enquanto permaneci na posição do parto por mais duas horas para expulsar a placenta. A médica que me atendeu disse que saiu daquela sala com os dedos dormentes de tanto arrancar pedaços de placenta para que eu não tivesse agravado um quadro de infecção e viesse a óbito.

Descobri, em seguida, que eu e meu filho havíamos contraído uma bactéria. Ambos agora lutávamos pela vida. O sonho havia virado pesadelo.

Após quatro dias de luta, meu Ben, depois de várias paradas cardíacas, foi para os braços do Pai. No dia seguinte ao seu sepultamento, meu esposo e um amigo nosso foram para o cemitério e eu entrava na sala de cirurgia para retirar os pedaços de placenta que haviam ficado dentro de mim. A luta pela minha vida continuava. Graças a Deus deu tudo certo comigo. Após alguns dias de fortes medicações a bactéria foi exterminada e pude então voltar para casa. Saí daquele lugar arrasada. Via as mães saírem com seus bebês no colo e eu de braços vazios.

Em casa, não conseguia entrar no quarto do Benjamim. Mergulhei em uma depressão profunda, como nunca antes. Não via mais sentido na vida nem propósito. Após alguns dias conversando na cozinha de minha casa com meu esposo e um amigo, eles me motivaram a pensar o que fazer com essa dor. Eu sinceramente não imaginava o que fazer e nem queria refletir a respeito. Pensei sinceramente que dessa vez não conseguiria vencer a dor.

Porém, diferentemente das outras duas vezes, decidi que não ia hospedar essa doença por muito tempo em mim. Já conhecia o caminho para fora do labirinto e queria realmente sair de lá. Tomei algumas decisões: Fechei por tempo indeterminado meu consultório e comuniquei à minha igreja, em um culto, que por tempo indeterminado estaria afastada das atividades ministeriais. Ser grata pelo dom da vida me vez superar esse drama. Meu filho não pôde viver, mas eu tive mais uma chance.

Vencida a depressão, nasceu o treinamento de inteligência emocional do meu livro *Psicomorfose*. Seu objetivo é ajudar as pessoas a superarem suas dores emocionais, romperem os bloqueios devido aos traumas vividos e se desvencilharem de todo luto e culpa, além de ensiná-las a administrarem a dor da melhor maneira possível e a extraírem o melhor de suas dores, para que sejam capazes, por sua vez, de ajudar o próximo com suas experiências.

O MILAGRE NO CAMINHO DE QUEM QUER VIVER

Após essa decisão, creio que duas semanas depois, o improvável aconteceu: conheci meu filho João Lucas com menos de um mês de vida. Para a medicina, não havia meios de engravidar novamente. Eu só tinha uma trompa e a outra estava comprometida. Quando nos abrimos para a cura o inesperado surge. Deus me deu o prazer de ser mãe. Mais forte ainda com meu filho nos braços, segui minha missão. Depois de dois anos de luto, feliz da vida, descobri que estava grávida da minha filha Pérola. Quando não focamos na dor, o milagre vem. Então, posso dizer que a depressão pode ser vencida; histórias novas podem ser escritas.

RESSIGNIFICANDO A DOR

Hoje decidi falar sobre essa dor porque não a conheço apenas através de literaturas acadêmicas ou relatos de meus pacientes. Eu vi essa dor em quem mais amava e a senti em minha própria pele. Portanto, sei o que meus pacientes sentem, mesmo quando eles não conseguem se expressar ou descrever. Consigo ser empática e, assim como fiz com minha mãe para vê-la livre daquela dor, faço com meus pacientes. Assumo o compromisso de, juntamente com eles, buscar a solução para dar cabo desse sofrimento. Essa foi minha missão como filha e é minha missão de vida como profissional: arrancar a dor do outro.

Andreia Lima

Conheci a Dra. Andreia Lima aproximadamente seis meses após ter enterrado o meu filho Matheus. Seu livro *Depressão: Como curar a dor da alma* foi uma ferramenta poderosa que Deus usou no meu processo de superação do luto. Fiz questão de adaptar esse trecho a fim de que você, querida leitora, seja capaz de se interessar por esse assunto e mergulhar mais fundo em direção à sua própria cura. Ninguém melhor do que alguém que já venceu e superou certas dores para nos ensinar com autoridade o caminho da cura.

Que Deus maravilhoso nós temos! Ele é o Pai do nosso Senhor Jesus Cristo, Pai de toda a misericórdia e Deus de toda consolação. Ele é aquele que tão maravilhosamente nos conforta e nos fortalece nas dificuldades e provações, para que, quando os outros estiverem aflitos, necessitados da nossa compaixão e do nosso estímulo, possamos transmitir-lhes esse mesmo consolo que Deus nos deu (1Co 1.3-4).

A Dra. Andreia sobreviveu a muitas tempestades emocionais. Divórcio dos pais, depressão da mãe, irmãos nas drogas, luto pela morte do pai, perda de um filho, fora as situações que ela não compartilhou conosco. Ela é alguém que soube passar por cima dos escombros das adversidades com a bravura de uma verdadeira guerreira. Quem a conhece sabe que ela não apenas sobrevive, mas vive a vida abundante que Jesus conquistou na cruz.

Fiz questão de compartilhar praticamente na íntegra a sua história porque, além de terapeuta competente há mais de uma década, a Dra. Andreia já esteve do outro lado, o lado do paciente, e sabe exatamente o que é a dor da depressão, esse mal que tem causado a morte de tantas pessoas no presente tempo. No auge da minha dor, lembro que eu orava a Deus para que alguma mãe sobrevivente do luto pela morte de um filho cruzasse o meu caminho e me contasse o seu caminho de superação, para que eu seguisse seus passos. A dor era tão insuportável que eu só queria alguém que me dissesse que ia passar. Infelizmente fui abordada algumas vezes por aquelas que me disseram que jamais superaram.

Confesso que fiquei assustada com histórias que ouvi de mães que haviam se despedido de seus filhos há dez, até mesmo vinte anos, e agiam como se tivesse sido há dois meses, a ponto de não se desfazerem de seus pertences. Uma delas não permitia que ninguém limpasse o quarto do filho morto. Dessas eu era obrigada a fugir. Conhecedora dos meus limites, eu sabia que não daria conta de suportar a minha dor e a delas. Então eu me protegia e sabiamente me esquivava. Aprendi que há tempo para tudo, e aquele não era tempo de assumir a dor de ninguém. Eu precisava superar a minha.

O livro da Dra. Andreia chegou à minha vida nesse momento oportuno. Pude ver nos olhos dela a alegria de quem sofreu, mas superou e seguiu. Isso é dar um novo significado à própria dor. Eu decidi que era isso que eu desejava na minha história.

Cada palavra de encorajamento que eu lançava era o próprio Deus me levando a proclamar as verdades que também valeriam para mim. Era uma questão de sobrevivência.

Eu havia tomado a decisão de não fechar a agenda por tanto tempo, mas seguir em frente, andando, chorando e lançando a boa semente. Creio com convicção que o primeiro a receber o impacto da profecia é o profeta e, debaixo dessa certeza, eu seguia profetizando sobre mim mesma. Cada palavra de encorajamento que eu lançava era o próprio Deus me levando a proclamar as verdades que também valeriam para mim. Era uma questão de sobrevivência.

Já disse e torno a repetir que, por mais avançada que seja a psicologia moderna, ninguém pode estabelecer um manual único para o luto. Cada um tem uma história e uma maneira muito peculiar de enfrentar suas dores pessoais. Além disso, existe o próprio Espírito Santo que se encarrega de nos direcionar no melhor caminho para que essa cura seja eficaz. Deus usa gente para curar gente. Ele pode usar pastores ou profissionais da saúde. Muitas vezes, Ele usa amigos. Se Ele quiser, usa até os inimigos, mas sempre usa alguém. Acima de tudo, Ele respeita nossa maneira de sofrer. Deus não vai nos obrigar a obedecer ao Seu caminho de superação. A Bíblia é um manual repleto de atalhos e janelas de escape para quem quer a cura, mas a escolha é nossa.

Deus não vai nos obrigar a obedecer
ao Seu caminho de superação.

A história do profeta Elias é um exemplo muito transparente de um momento no qual a fé recebe uma trombada da tristeza. A depressão, que também é caracterizada pelo predomínio da tristeza, quase venceu a briga contra esse homem de Deus. Pouco antes de demonstrar seus sintomas, Elias havia sido o protagonista de uma batalha triunfante contra a perversa rainha Jezabel e seus falsos profetas aliados de Satanás. O capítulo 18 do Primeiro Livro dos Reis relata de forma detalhada um dos momentos mais marcantes da vida e do ministério de Elias na face da Terra. Vamos ler na NVB, versão da editora Hagnos. Quero convidar você, querida amiga, a adquirir o hábito de ler e meditar na Bíblia Sagrada, crendo nela como nosso manual de fé e prática. Tudo o que a ciência defende hoje já está na Bíblia há séculos. Que bênção estarmos vivas em um tempo no qual a ciência cada vez mais prova que a Bíblia estava certa, não é mesmo?

Fique comigo nesse próximo capítulo e acompanhe a história desse homem de Deus que quase foi vencido pela depressão. Assim como ele venceu, nós podemos vencer.

CAPÍTULO DOZE

Fala comigo

Então Obadias foi contar a Acabe que Elias tinha vindo, e Acabe saiu para encontrar-se com Elias. Quando Acabe viu Elias, exclamou: "Então é você o homem que trouxe esta desgraça a Israel?" "Você está falando a respeito de sua própria pessoa", respondeu Elias. "Porque o rei e sua família abandonaram o Senhor, e em vez de obedecer a ele, têm adorado os baalins. Agora reúna todo o povo de Israel no monte Carmelo, com todos os quatrocentos e cinquenta profetas de Baal e os quatrocentos profetas de Aserá que comem à mesa com Jezabel". Assim Acabe reuniu todo o povo e os profetas no monte Carmelo. Elias disse ao povo: "Por quanto tempo vocês vão ficar oscilando entre dois caminhos, sem se decidirem por um deles? Se o Senhor é Deus, sigam-no! Porém, se Baal é Deus, então sigam Baal!" O povo, porém, não lhe respondeu nada. Então Elias voltou a falar: "Dos profetas do Senhor, eu sou o único que restei, mas Baal tem quatrocentos e cinquenta profetas. Agora tragam dois novilhos. Os profetas de Baal podem escolher um deles, cortá-lo em pedaços e colocar os pedaços sobre a lenha do altar, mas não coloquem nenhum fogo debaixo da lenha. Eu também prepararei o outro novilho e o colocarei sobre o altar do Senhor, e também não acenderei fogo debaixo dele. Então invoquem o seu deus, e eu invocarei o nome do Senhor. O deus que responder enviando fogo para acender a lenha é o verdadeiro Deus!" Todo o povo concordou em fazer esta prova. Depois Elias disse aos profetas de Baal: "Primeiro vocês, porque são em maior número, escolham um dos novilhos, preparem o animal e invoquem o nome do seu deus; mas

NADA PODE CALAR UMA MULHER DE FÉ

não ponham nenhum fogo debaixo da lenha". Assim eles prepararam um dos novilhos e o colocaram sobre o altar. E clamaram a Baal toda a manhã, gritando: "Ó Baal, responda-nos!" Porém não houve nenhuma resposta. Depois eles começaram a dançar ao redor do altar. Mas ninguém respondeu. Lá pelo meio-dia Elias começou a caçoar deles "Vocês precisam gritar mais alto", dizia, "para chamar a atenção do seu deus! Talvez ele esteja falando com alguém; ou ocupado; ou talvez ele tenha saído de viagem. Talvez ele esteja dormindo e tenha de ser acordado!" Então eles gritaram mais alto e, como era costume, cortavam-se com facas e espadas, até que o sangue escorria. Eles soltaram gritos a tarde toda até a hora do sacrifício da tarde, porém não houve resposta; não se ouvia nenhuma voz; ninguém atendia. Então Elias chamou o povo: "Aproximem-se!" E eles se aglomeraram ao redor dele, enquanto consertava o altar do SENHOR que havia sido derrubado. Ele pegou doze pedras, uma pedra para cada uma das tribos dos descendentes de Jacó, a quem o SENHOR tinha dito: "Israel será o seu nome". Ele usou as pedras para reconstruir o altar do SENHOR. Depois cavou um rego ao redor do altar; era uma valeta tão grande que dava para semear duas medidas de semente. Empilhou a lenha sobre o altar, cortou o novilho em pedaços e colocou os pedaços sobre a lenha. "Encham de água quatro vasilhas grandes", disse Elias, "e despejem a água sobre o novilho e sobre a lenha". Depois que fizeram isso, ele disse: "Façam isso novamente". E eles fizeram. "Agora, façam isso mais uma vez!" E eles fizeram pela terceira vez. A água escorria do altar e encheu a valeta. Na hora costumeira para oferecer o sacrifício da tarde, o profeta Elias se pôs em pé à frente do altar e orou: "Ó SENHOR, Deus de Abraão, de Isaque e de Israel, prove hoje que o SENHOR é o Deus de Israel e que eu sou seu servo; prove que fiz tudo isso por sua ordem. Ó SENHOR, responda-me! Responda-me, para que este povo saiba que o SENHOR é Deus, para que o coração deles se volte para o SENHOR". Então, de repente, o fogo do SENHOR desceu do céu e queimou totalmente o novilho, a lenha, as pedras, o chão, e inclusive lambeu toda a água da valeta! Quando o povo viu isso, todos caíram com o rosto no chão, gritando: "O SENHOR é Deus! O Senhor é Deus!" Então Elias ordenou: "Agarrem os profetas de Baal! Não deixem escapar nenhum deles!" Assim eles agarraram todos eles, e Elias os fez descer ao córrego de Quisom e os matou ali. E Elias disse a Acabe: "Vá comer e beber, pois estou ouvindo o barulho de chuva muito forte". Enquanto Acabe foi comer e beber, Elias subiu ao topo do monte Carmelo e curvou o corpo

*até o chão, com o rosto colocado entre os joelhos. Depois disse ao seu servo:
"Vá e olhe para o lado do mar". Ele foi e olhou. "Não vi nada", disse ele.
Por sete vezes Elias mandou: "Volte para ver". Finalmente, na sétima vez, o
servo exclamou: "Vejo que sobe do mar uma nuvem pequena, do tamanho
da mão de um homem". Então Elias disse: "Vá depressa dizer a Acabe que
pegue o seu carro e desça a montanha, antes que a chuva o impeça!" Dito
e feito. O céu logo ficou escuro com nuvens, e um forte vento trouxe uma
grande tempestade. Acabe partiu de carro para Jezreel. O poder do SENHOR
veio sobre Elias, e ele apertou o cinto e correu à frente do carro de Acabe até
a entrada da cidade de Jezreel!* (1Rs 18.16-46)

Israel estava enfrentando uma de suas piores crises morais e espirituais. Acabe, filho de Onri, que já tinha sido um dos piores reis de Israel,
havia se casado com uma sacerdotisa de Baal, filha do rei Etbaal, uma
mulher perversa, manipuladora e cruel. Ela foi responsável por muitas
atrocidades em Israel, conseguindo arrastar o omisso rei Acabe para o
seu lado, em vez de ser atraída por seu marido ao verdadeiro Deus.

Acabe se tornou um grande líder político e fez alianças com reinos
poderosos, porém foi um fracasso em seu reinado e em sua casa. Ele
não somente compactuou com os altares pagãos de Jezabel, mas os
patrocinou.

> *Porém, Acabe, filho de Onri, fez o que era mau aos olhos do SENHOR e foi
> ainda mais perverso do que seu pai Onri; ele foi mais perverso do que qual-
> quer outro rei de Israel! E como se isso não fosse suficiente, cometendo os
> mesmos pecados de Jeroboão, filho de Nebate, ele se casou com Jezabel, filha
> de Etbaal, rei de Sidom, e começou a adorar e servir a Baal. Primeiro ele
> construiu um altar para o deus Baal em Samaria. Depois fez outros postes
> sagrados e provocou a ira do SENHOR, o Deus de Israel, mais do que todos os
> outros reis de Israel antes dele* (1Rs 16.30-33).

Nesse contexto surge Elias, um profeta muito ousado. Ele não mede
palavras para se dirigir ao rei. Na verdade, ele já mostra ao que veio
quando chega decretando um tempo de seca em Israel, como resultado
do juízo de Deus sobre a nação.

> *Então Elias, profeta da cidade de Tesbi, em Gileade, disse ao rei Acabe: "Tão certo como vive o SENHOR, o Deus de Israel, o Deus a quem adoro e sirvo, não haverá orvalho nem chuva por diversos anos, enquanto eu não ordenar que chova!" (1Rs 17.1).*

Depois de um certo tempo, mais precisamente três anos depois, Deus manda que Elias volte ao rei e avise que vai chover.

> *Depois de um longo período, no terceiro ano de seca, a palavra do SENHOR veio a Elias: "Vá apresentar-se ao rei Acabe, pois enviarei chuva sobre a terra outra vez!" (1Rs 18.1).*

Elias obedeceu a Deus. Enquanto isso, Samaria, que havia sido construída pelo rei Onri, pai de Acabe, e havia se tornado a capital de Israel, passava por um período de muita fome, em decorrência da seca. O fato é que, depois que Deus usou Elias para enviar o recado sobre a total escassez de chuva sobre a terra, Ele ordenou que o profeta saísse de cena.

> *"Vá para o lado leste e se esconda junto ao córrego de Querite a leste do rio Jordão. Beba água do córrego e coma o que os corvos lhe trouxerem, pois eu dei ordem a eles para trazerem alimento a você". Ele obedeceu ao SENHOR e ficou acampado junto ao córrego de Querite a leste do Jordão. Os corvos lhe traziam pão e carne de manhã e de tarde, e ele bebia água do córrego* (1Rs 17.3-6).

O córrego secou, por causa da falta de chuva. Então, Deus mandou que Elias se refugiasse em Sarepta, na casa de uma viúva. Quando ele chegou à porta da cidade, avistou a mulher colhendo gravetos e lhe pediu um copo d'água. Até aí tudo bem. Porém, enquanto ela ia buscar água, Elias pediu também um pedaço de pão. Muito constrangida, ela jurou que tudo o que tinha era um pouco de farinha que havia sobrado em um jarro e um pouco de azeite em uma botija. Ela explicou ao profeta que aqueles gravetos seriam a lenha da última refeição que ela faria com seu filho, para depois esperarem a morte. Elias respondeu: "Não tenha medo! Faça o que eu te disse. Faça um pequeno pão para mim e depois faça algo para você e seu filho." Então o profeta lhe disse:

> Porque assim diz o SENHOR, o Deus de Israel: "A farinha no jarro não se acabará e o azeite na botija não faltará, até o dia em que o SENHOR enviar chuva sobre a terra!" (1Rs 17.14).

Ela obedeceu, e aconteceu exatamente como Deus havia dito pela boca do profeta. Aquele foi um lugar de refúgio para Elias, ao mesmo tempo que a viúva e seu filho foram poupados por causa de sua obediência à Palavra do Senhor em gerar vida dentro de sua casa, mesmo quando tudo ao redor estava morto. Ajudar outros em meio à sua própria dor, como fez aquela viúva, demonstra que conseguimos enxergar um mundo além da nossa própria dor.

Aquela mulher estava à espera de sua morte e, o que era muito pior, à espera da morte do filho. Não sei qual das duas era a pior crise que envolvia seus pensamentos: a fome, a miséria, a possibilidade de ver seu filho morrer de fome na sua frente, ou ela mesma morrer e deixar o filho para trás assistindo a tudo. Creio que todas essas situações a rodeavam dia após dia quando de repente apareceu na sua frente o profeta Elias. A princípio, parecia apenas mais uma boca para dividir o pouco alimento que existia. Mas, na verdade, era o próprio Deus dando a ela a possibilidade de ser bênção. Mais do que isso, Deus estava apresentando àquela mulher o homem que oraria pelo seu filho morto. Ela não imaginava o que estava por vir.

Essa passagem inspirou uma de minhas canções, durante uma mensagem pregada por Silas Malafaia, meu pastor.

> Casa é lugar de vida
> Casa é lugar de paz
> Na minha casa, na minha vida
> Pra sempre reinarás
> Casa é lugar de cura
> Casa é lugar de amor
> Venha o teu reino sobre a minha casa, Senhor

Pra sempre reinarás
Pra sempre reinarás
E a minha casa está autorizada a prosperar

EYSHILA, *Lugar de vida*[1]

Por mais que eles comessem, sempre havia farinha no jarro. Eles se fartaram de alimento. Que tempo de milagre naquela casa! Até que um dia o indesejado aconteceu. O filho da mulher ficou doente e morreu. O primeiro impulso que ela teve foi pensar que isso tinha algo a ver com seus pecados do passado. A culpa, como eu já disse, nunca dá trégua em uma hora de dor, mas é implacável com aqueles que sofrem. Elias pegou o menino, subiu para o quarto onde estava hospedado no andar de cima e o colocou em sua cama.

> *Então clamou ao SENHOR, dizendo: "Ó SENHOR, meu Deus, por que o SENHOR fez essa coisa terrível e matou o filho desta viúva, dona da casa onde eu moro?" E Elias se deitou sobre o menino três vezes e clamou ao SENHOR, dizendo: "Ó SENHOR, meu Deus, por favor, faça este menino voltar à vida". E o SENHOR ouviu o clamor de Elias, o espírito do menino voltou, e ele viveu de novo! Então Elias desceu com ele e o entregou à sua mãe. "Veja! Ele esta vivo!", disse Elias* (1Rs 17.20-23).

Outro milagre aconteceu. Não um milagre qualquer, mas o milagre da ressurreição!

Elias, que a Bíblia chama de tesbita, em referência à cidade onde ele nasceu, a saber, Tesbe, em Gileade, era um homem de fé, com um profundo relacionamento com Deus. Na história que acabamos de ler, vimos a sua participação direta em muitos milagres e maravilhas. Ele profetizou que a chuva cessaria, e cessou mesmo. Ele disse que a comida na casa da viúva não acabaria, e não acabou. Ele orou pela ressurreição do filho dela, e ele ressuscitou. Ele orou para que Deus mandasse fogo do céu sobre o altar, e o fogo caiu. Ele enfrentou os profetas de Baal e

---

[1]Editora Central Gospel.

os matou publicamente. Depois avisou que a chuva estava a caminho, mesmo debaixo de um céu limpinho, com apenas uma pequena nuvem, do tamanho da mão de um homem, e veio uma tempestade. Ele encarou tantas adversidades! Ele foi bravo, guerreiro e destemido em toda a sua trajetória. Até que um dia um gatilho emocional foi puxado e Elias se rendeu à pior de todas as dores da alma: a depressão.

> *Quando Acabe contou a Jezabel o que Elias tinha feito e que ele tinha matado os profetas de Baal à espada, ela mandou um mensageiro com este recado a Elias: "Que os deuses me castiguem com todo o rigor, se amanhã a esta hora eu não fizer com a sua vida o que você fez com a deles". Então Elias teve medo e fugiu para salvar a sua vida; foi para Berseba, uma cidade de Judá, e deixou ali o seu servo. Depois foi sozinho para o deserto, caminhando o dia todo, e sentou debaixo de uma moita de zimbro. Ali orou, pedindo a morte: "Já basta, SENHOR. Tire a minha vida. Tenho de morrer algum dia, e bem que pode ser agora, pois não sou melhor do que meus pais" (1Rs 19.1-4).*

O Espírito Santo poderia ter deixado registrado apenas o tempo glorioso do ministério profético de Elias, mas não o fez. Sua história está lá, na íntegra, a fim de que possamos compreender que não é de hoje que pastores, profetas, homens e mulheres de Deus, podem ser atacados em suas emoções, por mais consagrados que sejam e por mais autoridade que possuam no mundo espiritual. Doenças emocionais nem sempre estão relacionadas a problemas espirituais, porém o diabo gosta de se utilizar de fragilidades emocionais para gerar estragos em nossa vida espiritual. Nesta vida é praticamente impossível vivermos livres de perseguições, tristezas e frustrações. O que vai determinar o quão longe vamos chegar nesta carreira, além da vontade soberana de Deus, são as nossas escolhas e decisões pessoais. Deus é soberano para decidir o que Ele quer, da forma como Ele deseja. Isso é inquestionável. Porém, em Sua total e absoluta soberania, Ele também permite que participemos de Seus planos eternos com nossas escolhas. A opção pela vida é uma decisão inegociável para que possamos continuar contribuindo com os propósitos divinos enquanto habitarmos nesse templo que se chama corpo.

A vida é um dom de Deus, e o nosso papel deve ser o de nos aliarmos a Ele na missão de torná-la completa e abundante.

> *A intenção do ladrão é só roubar, matar e destruir. Eu vim para que tenham vida, e vida completa* (Jo 10.10).

Deus tinha uma vida completa para Elias, que incluía o seu próprio arrebatamento. A Bíblia só menciona duas vezes em que alguém foi arrebatado por Ele sem passar pela morte: os casos de Elias e Enoque.

> *Enoque sempre andou com Deus e um dia desapareceu, porque Deus o levou* (Gn 5.24).

Posteriormente, Deus também arrebataria o profeta Elias, mas ainda não havia chegado o momento de encerrar sua carreira aqui na terra. Cada vez que desejamos algo na terra que não combina com o que está decretado no céu, sofremos. Sendo assim, o sofrimento também pode ser definido como a frustração gerada por uma vontade que não entra em conformidade com aquela que Deus escolheu para nós. Se temos uma certeza nessa vida, é a de que morreremos, mas nem por isso podemos antecipar esse momento por causa de nossos sentimentos.

Há conflito não somente quando queremos algo que Deus não quer, mas quando o queremos no tempo errado. Essa aflição nos conduz aos nossos piores desertos existenciais. Desejar a morte antecipadamente é o mesmo que dizer a Deus que a Sua opinião sobre o nosso tempo de vida não é tão importante assim.

Há conflito não somente quando queremos algo que Deus não quer, mas quando o queremos no tempo errado.

Antes mesmo de o meu corpo tomar forma humana, o SENHOR *já havia planejado todos os dias da minha vida; cada um deles estava registrado no seu livro, antes de qualquer um deles existir!* (Sl 139.16).

Elias, o homem de Deus corajoso e destemido, aquele que havia encarado um dos piores reis de Israel e seus profetas pagãos, agora foge com medo, para salvar a sua vida. Porém, quando chega ao deserto, ele descobre que a sua vida não tem mais sentido, e então pede para morrer. Observe que a depressão é algo tão conflituoso que, por mais sóbrio que um ser humano esteja, ele se contradiz em sua maneira de fugir da própria dor. Tomado pelo pavor de morrer pela mão de Jezabel, Elias senta debaixo de uma moita de zimbro e diz: "Basta, Deus! Já que vou morrer um dia, que seja agora. Não sou melhor do que meus pais."

Sinceramente não sei o que levou Elias a fazer tal comparação com seus pais naquele momento de crise. No entanto, quem já fez terapia sabe da importância de olharmos eventualmente para o nosso passado, mergulhando nas experiências antigas, especialmente as dolorosas e mal resolvidas, a fim de que encontremos cura e libertação para as crises do nosso presente e forças para encarar o futuro. O nosso inconsciente é uma caixa de surpresas, as quais na medida em que são investigadas e reveladas, podem trazer cura para as nossas crises emocionais.

Eu, particularmente, não me sentei debaixo de uma moita de zimbro, mas no chão, ao pé da minha cama, e pedi a Deus que me levasse. Como pedi! Eu perguntei: "SENHOR, o que havia em teus planos quando permitiu que eu gerasse um filho para depois enterrá-lo? Quem foi que pecou na minha casa para que isso acontecesse? Deus, eu não tenho forças para conviver com essa dor".

Durante aqueles dias, Deus usou a Dra. Silvana Peres, pastora e psicóloga altamente capacitada, que já cuidava da nossa família há algum tempo e também esteve conosco em todo o processo que enfrentamos com o nosso filho no hospital. Ela vinha em casa, entrávamos no quarto e ela me induzia a falar, falar e chorar, até não ter mais lágrimas. Lembro de ouvi-la dizer uma vez: "Eyshila, você vai superar essa dor. Sabe por quê? Porque eu posso ver que você quer, e o querer faz toda a diferença".

Porque Deus está operando em vocês o desejo de obedecer-lhe e a realização daquilo que ele quer (Fp 2.13).

No meu entendimento limitado sobre o que havia acontecido conosco na ocasião da partida do Matheus, ainda havia uma certeza em mim: a de que Deus havia me deixado viva por um propósito maior do que eu mesma. Eu, Odilon e Lucas tínhamos um motivo para estarmos aqui deste lado da eternidade apesar daquela separação tão brusca que havíamos sofrido do nosso amado Matheus. Essa certeza gerava em mim o desejo pela vida, um desejo que ia muito além da minha própria vontade de viver, que naquele tempo era inexistente. Todos os dias eu me trancava no meu *closet*, no meu armário, a minha caverna pessoal, e chorava com o rosto no chão, horas a fio, no colo de Deus, desejando um vislumbre do céu. Eu só queria que a presença dEle enchesse aquele lugar de uma forma tão gloriosa que eu conseguisse me levantar daquele chão e vencer mais um dia. Cada dia que eu conseguia vencer era mais um passo em oposição à morte. Era como se eu estivesse tomando distância do cemitério e de todas aquelas lembranças terríveis que aquela despedida me causava. Creio que esse sentimento retrata a dor de muitas leitoras que viveram recentemente ou há muitos anos a mesma dor que eu.

Na época de Elias não havia remédios de tarja preta. Não havia calmantes, psicólogos nem psiquiatras. Sendo assim, o seu organismo produziu um mecanismo de defesa muito peculiar a pessoas em depressão: sono, muito sono. Sono em excesso, assim como fadiga diurna, podem ser sintomas de depressão. De acordo com especialistas, dormir demais seria uma forma de "fuga" dos problemas ou da tristeza permanente. De acordo com um artigo publicado na *Revista de Psiquiatria Clínica* da Universidade de São Paulo (USP), aproximadamente 80% dos pacientes depressivos apresentam queixas relacionadas à falta de sono. Neste caso, a insônia é considerada um importante indicador do aumento do risco da depressão. Por outro lado, uma pesquisa feita pelos médicos Sarah Laxhmi Chellapp e John Fontenele Araújo, publicada na *Revista da USP*, revela também que cerca de 10% a 20% dos pacientes depressivos apresentam queixas de sonolência excessiva, com aumento do sono no período noturno e fadiga diurna. Ao meu ver, Elias se enquadra nesse perfil de 10% a 20% de pacientes que encontram no sono uma maneira de fugir da sua realidade.

> *Elias olhou em redor e viu um pão que estava assando sobre pedras quentes e um jarro de água! Ele comeu, bebeu e deitou-se outra vez. O anjo do SENHOR voltou depois e tocou-o novamente, dizendo: "Levante-se e coma, porque você tem uma longa caminhada pela frente". Então ele se levantou, comeu e bebeu, e o alimento lhe deu força suficiente para viajar quarenta dias e quarenta noites, até chegar ao monte Horebe, o monte de Deus (1Rs 19.6-8).*

Diferentemente de Elias, o meu problema inicial após a partida do meu filho foi justamente a falta de sono. Meus horários trocados no hospital, voltando para casa apenas para dormir algumas horas e render meu marido, minha irmã, primas, amigas e cunhadas que sempre estavam conosco em sentinela, me deixaram com o fuso bem trocado. Precisei de ajuda medicamentosa para superar aquele tempo e voltar a dormir tranquilamente. Falo isso sem o menor problema. Tomar remédio para dormir, desde que seja receitado pelo médico, não é pecado e pode ser uma forma de trazer equilíbrio emocional em meio a grandes perdas, evitando problemas maiores.

Elias, no entanto, encontrou no sono a sua fuga, talvez no ímpeto de morrer dormindo. Porém, ao invés de permitir que ele acordasse na Eternidade, Deus envia um pedaço da eternidade até Elias. Um anjo desce do céu e prepara-lhe uma refeição. Já pensou em quantos anjos Deus tem levantado para cuidar de você em meio às suas dores? O problema é quando ignoramos os anjos que Deus manda. Foi o que Elias fez. Ele comeu, bebeu, mas a tristeza era tanta que ele deitou outra vez. Então o anjo o chamou de novo e insistiu para que ele levantasse, comesse e bebesse, usando o seguinte argumento: "Elias, você tem uma longa caminhada pela frente."

O tratamento que Deus deu a Elias foi simples: carboidrato e água. Medicina medicamentosa, pura e sem mistura. Com aquele remédio natural do céu, Elias caminhou quarenta dias e quarenta noites. Exercício físico, outra ferramenta poderosa contra a depressão. Somos corpo, alma e espírito. Tudo em nós se completa. Não podemos cuidar de uma parte do nosso ser e abandonar as outras. O nosso espírito é a parte que se comunica com Deus, a nossa alma é a parte ligada ao nosso intelecto, e o nosso corpo é a casa onde o espírito habita até o dia em que for para Deus, que o formou. Somos um espírito que tem uma alma e habita em um corpo. Essa casca um dia vai envelhecer, vai parar de funcionar e o espírito vai voltar para a eternidade. Enquanto esse dia não chega, temos a missão gloriosa de amar a vida e zelar por ela, mesmo diante das piores tragédias que ela nos traz.

Depois de caminhar aqueles quarenta dias e quarenta noites, Elias achou uma caverna. Que depressão insistente! Que dor recorrente! Ele havia comido o pão do céu e bebido a água que o anjo depositou no jarro para ele, mas mesmo assim, na primeira oportunidade que teve, achou outro lugar para morrer: uma caverna. Caverna não é para vivos. Lázaro estava enterrado em uma caverna quando Jesus o chamou para fora. Jesus, depois de morto, teve o Seu corpo depositado em uma caverna, onde ele não mais está, porque ressuscitou. Elias queria morrer, então procurou um sepulcro, e teria dormido por lá até a sua morte, não fosse a intervenção do próprio Deus, que, muitos séculos antes que a psicologia fosse reconhecida como ciência, posicionou-se como psicólogo em favor do Seu servo. Dessa vez Ele não oferece pão, água ou exercício físico, mas Seus ouvidos. Deus inicia com Elias, o depressivo, um diálogo dentro dos mesmos parâmetros usados pela psicologia: a terapia da palavra.

A primeira pessoa a ser tratada pela terapia da palavra se chamava Bertha Pappenheim, mais conhecida como Anna O. Era por esse nome que os médicos Josef Breuer e Sigmund Freud a chamavam. Anna sofria de alucinações histéricas e sonambulismo, além de recusar-se a beber água. Um belo dia, depois de ter desabafado energicamente a raiva dentro dela, Anna pediu para beber água, e bebeu uma grande quantidade. Com isso, o distúrbio desapareceu para sempre. Isso está registrado no livro *Estudos sobre a histeria*[2], de 1895. O episódio com Anna O. fez com que Freud

---

[2]BREUER, Joseph e FREUD, Sigmund. Estudos sobre a histeria. In: *Obras completas*, vol. III. Rio de Janeiro: Imago, 1997.

tivesse uma sacada "genial": expressar em voz alta pensamentos opressores e resgatar lembranças traumáticas causam efeitos benéficos ao corpo.

Lembre-se, no entanto, que naquela época as pessoas enxergavam o corpo e a alma (pensamento e sentimento) como elementos que se opunham, ou seja, não se comunicavam. As doenças mentais eram tratadas com procedimentos físicos, como eletrochoques ou incisões no cérebro. Com a criação do tratamento pela fala, Freud revolucionou a psiquiatria, criando uma nova área de estudo: a psicanálise.

Obrigada, Freud, mas Deus já sabia disso nos tempos da Caim, quando ele lhe deu a chance de expressar seus sentimentos em relação a Abel, seu irmão.

> O Senhor perguntou a Caim: "Por que você está furioso e por que o seu rosto mostra ódio?" (Gn 4.6).

Se Caim tivesse falado, talvez não tivesse sido o primeiro assassino da face da terra.

Deus também já sabia tudo sobre a terapia da palavra quando ofereceu a Elias a oportunidade de falar de seus sentimentos a partir de uma única pergunta: "O que você está fazendo aqui, Elias?" Depois do sono, do pão, da água e do exercício, aquele parecia ser o recurso que Deus guardara na manga para o momento mais crítico do profeta. Deus sempre tem Seus recursos secretos, que são eficazes quando nos submetemos a eles. Elias abriu a boca a falar e a chorar. Assim como Anna O., a paciente de Freud, Elias expressa em alto e bom som o motivo das suas frustrações.

> Ele respondeu: "Tenho trabalhado duramente para o Senhor Deus dos Exércitos; porém o povo de Israel não cumpriu a sua aliança com o Senhor e derrubou os seus altares e matou todos os seus profetas. Sou o único que sobrou; e agora estão tentando matar-me também" (1Rs 19.10).

Como Mestre na área da psicologia humana, e afinal o Criador de cada mecanismo que faz o nosso corpo funcionar, incluindo os emocionais, Deus não coloca Elias no colo, não mostra a Elias um mapa da eternidade revelando o fim da megera Jezabel. Deus apenas diz: "Elias, saia da caverna e vá para o monte". Em outras palavras, Deus estava mandando que ele reagisse. Ele já havia comido, bebido, caminhado e falado. Agora o próximo passo era reagir, sair da caverna, subir de nível, superar o trauma, caminhar em direção oposta a dor. A solidão não era uma opção naquele momento. Havia chegado a hora de voltar à vida e encarar a realidade.

> *"Saia e ponha-se no monte, diante do* Senhor, *pois o* Senhor *vai passar", o* Senhor *disse a ele. Enquanto Elias estava ali, o* Senhor *passou, e um vento de tempestade atingiu a montanha; era um vento tão forte que as pedras saíam do lugar diante do* Senhor, *porém o* Senhor *não estava no vento. Depois do vento, houve um terremoto, mas o* Senhor *não estava no terremoto. E depois do terremoto veio um fogo, mas o* Senhor *não estava no fogo. Depois do fogo, ouviu-se um som de brisa suave (1Rs 19.11-12).*

Vento de tempestade, terremoto e fogo. Esse era o Deus que Elias conhecia, um Deus de coisas barulhentas e sobrenaturais. Porém, não desta vez. Deus não se move dentro de nossas caixinhas limitadas. Deus não é previsível. Desta vez aprouve a Deus se comunicar com Elias através de algo inédito: uma brisa suave. Deus fala como quer.

> *Quando Elias ouviu o som, cobriu o rosto com o seu manto, saiu e ficou na entrada da caverna. E uma voz lhe perguntou: "Por que você está aqui, Elias?" De novo ele respondeu: "Tenho trabalhado duramente para o* Senhor *Deus dos Exércitos; porém o povo de Israel não cumpriu o seu trato com o* Senhor *e derrubou os seus altares e matou todos os seus profetas. Sou o único que sobrou; e agora estão tentando matar-me também". Então o* Senhor *disse a ele: "Volte pela estrada do deserto para Damasco, e, quando chegar lá, derrame óleo sobre a cabeça de Hazael, para que ele seja rei da Síria. Depois derrame óleo sobre a cabeça de Jeú, filho de Ninsi, para que ele seja rei de Israel, e derrame óleo sobre a cabeça de Eliseu, filho de Safate, de Abel-Meolá, para que ele tome o seu lugar como meu profeta* (1Rs 19.13-16).

Um novo tempo estava prestes a ser inaugurado. Um novo rei da Síria, um novo rei em Israel e um novo profeta. Mudança de autoridades no mundo físico geralmente refletem uma mudança que já foi decretada no mundo espiritual. Elias estava prestes a ter uma experiência maravilhosa e tremenda na sua história de vida: ele seria arrebatado pelo próprio Deus. Mas, antes disso, ainda havia algumas missões a serem realizadas por Elias, e o diabo queria se utilizar de uma brecha emocional para atrapalhar a obra de Deus no plano espiritual.

Elias obedeceu à direção de Deus, viveu para ungir o rei da Síria, o novo rei de Israel e um novo profeta em seu lugar, a saber, Eliseu. Passado o seu tempo na terra, Deus o tomou para Si, na presença de Eliseu, seu substituto.

> *Eles continuaram andando e conversando, e, de repente, surgiu um carro de fogo, puxado por cavalos de fogo, e separou os dois; e Elias foi levado ao céu num redemoinho* (2Rs 2.11).

Antes de uma grande promoção, sempre vem uma grande provação.

Vida com Deus não é garantia de imunidade contra as adversidades.

A mesma seca que Elias profetizou, ele enfrentou. Mas ele também superou. Louvado seja o SENHOR.

Hoje em dia, quando presto atenção em algumas canções que escrevi há mais de uma década, percebo que Deus já estava me revelando o que eu enfrentaria. Deus fala com Seus filhos. Esses dias, ouvindo o testemunho de uma grande mulher de Deus, uma pastora que amo muito, ela me dizia: "Eu era baladeira, gostava de festas *rave*, usava drogas e não queria nada com Jesus. Crente para mim era retrógrado, inconsequente e ignorante. Até que um dia eu aceitei o convite de uma amiga para ir a uma igreja. Imediatamente me arrependi de ter aceito o convite, mas fui para cumprir minha promessa. Chegando lá, um ancião olhou para mim do meio do altar e disse: 'Assim diz o Senhor para você, jovem!' Ela começou a tremer da cabeça aos pés e perguntou a si mesma: 'Deus fala? Eu não sabia que Deus falava..."'

Sim, Deus fala! Ele fala como quer, do jeito que quer, na hora em que deseja e só aborda os assuntos que Ele escolhe porque sabe que são eficazes e oportunos no nosso processo de crescimento. Como um professor que escolhe a aula que vai dar, Deus escolhe o que vai nos ensinar. Agora, o que mais me fascina nesse Deus não é apenas a Sua capacidade de falar, mas de nos escutar. Ele nos ouve!

> *Prestem atenção! O braço do SENHOR não está encolhido para que não possa salvar! Ele não é surdo para que não possa ouvir* (Is 59.1).

Deus não fala tudo o que queremos ouvir, mas Ele fala o que sabe que damos conta de assimilar. Deus nem sempre parece reagir aos nossos gritos, mas Ele sempre ouve a nossa voz. No momento oportuno, Ele agirá em nosso favor.

Mulheres, saiam da caverna e venham para a vida. Se a morte bateu à sua porta, do lado de fora da caverna há vida para ser gerada. Saia da caverna e seja abraçada. Ouse provar o pão do céu e a água da vida. Deus conta com cada uma de nós nessa missão que se chama viver. Quero compartilhar mais uma de minhas canções, para incentivar você a iniciar, agora mesmo, um diálogo com Deus. O divã já está na sala do trono, pode deitar e abrir o coração. Terapia da palavra em modo *on*. Não esconda nada dEle. Não que Ele precise saber, afinal Ele é o Deus que tudo sabe e tudo vê. Nós é que precisamos falar.

> *Sei que me falas através de um irmão*
> *Sei que me falas quando dobro os joelhos em oração*
> *Sei que me falas pela tua Palavra*
> *E falas comigo até quando te calas*
> *Sempre te ouço na tribulação*

Tua voz me acalma e traz consolo ao meu coração
E quando não sei que direção tomar
Eu paro tudo pra te escutar
Nada é mais importante
Eu só quero te ouvir falar

Fala comigo
Fala, Senhor
Decidi te obedecer por amor
Eu preciso aprender o caminho do teu coração
Fala comigo como um pastor
Que conduz o seu rebanho
Eu desconheço outra voz que não venha de ti
Fala comigo, Senhor
Eu preciso te ouvir
Eu preciso te ouvir

Eyshila, Fala comigo

https://bit.ly/2UkfBzp

PARTE QUATRO

MULHER VIRTUOSA, MULHER DE VITÓRIA

"Mulher virtuosa, quem a achará? O seu valor muito excede o de finas joias."

PROVÉRBIOS 31.10

CAPÍTULO TREZE

Como pedra preciosa

Se você encontrar uma esposa fiel e dedicada, achou um tesouro mais valioso que ouro e pedras preciosas (Pv 31.10).

O último capítulo do livro de Provérbios são palavras do rei Lemuel, inspiradas na profecia que lhe ensinou sua mãe. Para muitos eruditos, Lemuel pode ter sido um segundo nome dado ao rei Salomão. Pode ser também outro nome do rei Ezequias, que também foi um poeta em seu tempo. Mas o que importa para mim não é quem foi o rei Lemuel, mas aquela que o inspirou a escrever esse capítulo e fechar com chave de ouro o livro de Provérbios: sua mãe.

O nome "Lemuel" é de origem hebraica e significa consagrado, separado e dedicado a Deus. Filhos dedicados a Deus são propriedade do Senhor. Onde quer que estejam, nossas orações os alcançarão.

Convoco todas as mães que estão lendo esse livro a consagrarem a Deus os seus filhos. Se já o fizeram, descansem na aliança que foi firmada entre vocês e o Senhor. O inferno não pode vencer para sempre um filho que foi consagrado a Deus pela sua mãe. Onde quer que ele esteja, suas orações o alcançarão. Pode demorar o tempo que for, mas eles voltarão para a presença de Deus. O inferno não tem o poder de vencer a oração de uma mãe. Por mais profundas que tenham sido as alianças que nossos filhos firmaram com o mundo, elas jamais serão mais poderosas do que aquelas que nós fizemos com Deus a respeito deles [desde que o filho tenha reconhecido sua condição de pecador e recebido a Cristo como Senhor e Salvador]. Não existe lugar mais seguro para se deixar um filho do que na mão do próprio Deus. [Ore consagrando, mas também ore pela salvação dos seus filhos].

Não existe lugar mais seguro para se deixar um filho do que na mão do próprio Deus.

Instrua seu filho a formar bons hábitos enquanto ainda é pequeno. Assim, ele nunca abandonará o bom caminho, mesmo depois de adulto (Pv 22.6).

Minha sogra orou durante onze anos para que o seu filho fosse liberto das drogas. Muitas vezes ele chegava em casa de madrugada completamente drogado, e ela estava ajoelhada na sala, ao lado do seu marido, Pr. José Santos, clamando pela vida dele. Ele passava silenciosamente por cima dos pés de seus pais e ia direto para o seu quarto, aparentemente indiferente a tudo, mas depois ele confessou que aquela cena o chocava e tocava seu coração. Outras vezes ele acordava de madrugada com o seu pai orando em pé, ao lado da sua cama, com as mãos impostas sobre ele. Eles nunca desistiram. Hoje o meu marido é um pastor usado por Deus e separado para o ministério.

Se o nosso amor por nossos filhos não vencer o inimigo, com certeza a ira não o fará. Nossa ira deve ser contra Satanás, não contra as pessoas que amamos. Deixemos a ira para o diabo. Ele vai se encarregar de fazer com que nossos filhos colham os frutos dos seus pecados. Consequências são inevitáveis na vida de quem faz escolhas erradas, infelizmente. Porém, existe um poder muito maior do que o da ira de Satanás: o poder do sangue de Jesus. Somente este sangue tem o poder de purificar e transformar a vida dos nossos filhos.

COMO PEDRA PRECIOSA

Eles são a nossa recompensa, não o nosso fardo.

Os filhos são um presente do SENHOR; uma recompensa que ele dá (127.3).

A mãe do rei Lemuel, pelo jeito, não ficou somente na oração. Ela avançou para os conselhos, dando-lhe uma palavra sobre o tipo ideal de mulher que ele deveria escolher como companheira.

E ela já começou advertindo seu filho da dificuldade de se encontrar uma mulher de valor. Assim como pedras preciosas não se acham na superfície das rochas, mulheres valiosas também precisam ser buscadas com muita diligência e esforço. Precisam ser cavadas. Existem mineradores que morrem procurando essas joias.

Sinceramente, passei muito tempo da minha vida lendo esse texto e ficando deprimida, ao me deparar com esse modelo inatingível de mulher. Uma perfeição em pessoa. A princípio pensei tratar-se de um texto machista, até que descobri que a autora era uma mulher com uma visão específica e detalhada do tipo de esposa que ela esperava para o seu filho.

Nada mal arranjar uma sogra exigente assim, não é? Mas o fato de o rei ter reproduzido as palavras da sua mãe me diz que ele valorizava a sua opinião. Talvez o rei Lemuel acreditasse no que ela estava dizendo porque via em sua mãe aquele tipo de mulher que ela desejava para ele.

O que acho lindo é que, antes de começar a falar sobre a mulher ideal, ela aconselha o seu filho a ser o homem ideal. E ela o chama como ela o vê:

Ó meu filho, filho do meu ventre, filho que eu consagrei ao SENHOR... (Pv 31.2).

Jamais podemos esquecer quem são nossos filhos. Nem mesmo o pecado deverá desfigurá-los diante dos nossos olhos. Eles são nossos filhos amados, são do nosso ventre e, antes de serem nossos, são do Senhor. Podemos aconselhá-los, amá-los e adverti-los, mas não podemos controlá-los. Apesar de tê-los comprado a preço de sangue, o sangue do Seu filho Jesus, Deus na Sua infinita sabedoria e soberania permite que cada um tome decisões, que muitas vezes não é o que Ele deseja para Seus filhos.

A mãe do rei começa a dar-lhe uma série de conselhos referentes a uma vida de temor a Deus.

> *Não desperdice sua vida com promiscuidade.*
> *Não seja dominado pelos vícios. Seja sóbrio para que você consiga cumprir o seu papel."*
> *Seja justo para com os fracos e os pobres. Aconselhe-os e cuide deles. Faça justiça aos pobres e necessitados.*

Ao que parece, a mãe do rei tinha enorme preocupação com o caráter do seu filho. Ela sabia que suas riquezas não fariam dele um homem digno, mas o que havia em seu interior. Ela queria formar um homem íntegro.

Até que, finalmente, ela muda para a parte "B" da conversa: uma esposa ideal. E compara essa mulher ideal a um tesouro mais valioso do que pedras preciosas. Pensem no alto nível dessa mulher. Essa mulher é você!

O valor de uma pedra preciosa é medido não apenas por sua beleza e seu brilho, mas pela sua dureza e resistência. Existe uma escala, a Escala de Mohs, que quantifica a dureza dos minerais. Foi criada em 1812 pelo mineralogista alemão Friedrich Vilar Mohs com dez minerais de diferentes durezas existentes na crosta terrestre. Esta escala vai de 1, valor que foi dado ao talco, a saber o talco mineral, a 10, valor que foi dado ao diamante, substância mais dura conhecida na terra.

O diamante é uma pedra preciosa altamente cobiçada, por ser a mais dura de todas elas e, além disso, refletir a luz de uma maneira própria e atraente quando aperfeiçoado. Na Escala de Mohs, essas são as quatro pedras mais resistentes na escala de dureza:

- Diamante – nota 10
- Safira – nota 9
- Topázio – nota 8
- Ametista – nota 7

Pedras preciosas não se formam de um dia para o outro. Podem levar milhões de anos para se formarem, e por isso são tão valiosas. Somente uma pequena fração dessas pedras será descoberta e exposta.

A mãe do rei, ao colocar a mulher no nível de uma pedra preciosa, estava dizendo ao seu filho que ele não encontraria tal mulher nas esquinas da vida, mas teria que cavar fundo para encontrar. Ela estava mostrando a Lemuel, o seu filho amado e consagrado, que essa mulher não seria frágil e quebradiça. Essa profetisa também está sendo usada por Deus para nos ensinar alguns princípios:

1. Pedras preciosas têm apenas aparência de fragilidade, mas na verdade são firmes e resistentes porque foram lapidadas até se tornarem joias.

Assim como pedra preciosa, a mulher aguenta o processo de lapidação que revela a sua beleza real. Atualmente existe um aparelho para lapidação, uma espécie de disco rotativo sobre o qual se aplica uma mistura de água e óleo. A pedra que será lapidada é pressionada contra a superfície desse disco até que tome a forma desejada pelo lapidador. Esse processo serve para "corrigir" até mesmo as pedras de dureza mais elevada, como o diamante, por exemplo.

Assim como pedra preciosa, a mulher aguenta o processo de lapidação que revela a sua beleza real.

Isso significa que, por mais preciosa que uma pedra seja, ela não pode ser poupada do processo de lapidação, senão a sua verdadeira beleza jamais será revelada. Quanto mais preciosa a pedra, maior cuidado deve-se ter em sua lapidação. O diamante, por exemplo, só pode ser lapidado por um especialista, ou seja, alguém que saiba onde ele pode ser alterado. Alguém que conheça a sua "veia".

Diamantes têm veias, assim como você, mulher preciosa. Não se preocupe com o processo doloroso pelo qual está passando. O seu Deus, o Lapidador que tem você na palma da mão, é especialista em transformar pedras brutas em joias de fino valor. Ele também conhece as suas veias; afinal, foi Ele quem formou você no ventre da sua mãe, e, quando ninguém sabia nada sobre você, Ele já conhecia o seu valor. O processo pode ser doloroso, mas o Especialista vai usar uma mistura infalível.

Água

Primeiro Ele pega a água, que representa a Sua Palavra, fonte de revelação, conhecimento e fé. Quanto mais doloroso o processo, mais precisamos da Palavra de Deus produzindo fé em nosso coração.

> *Pois a palavra de Deus é viva e poderosa e mais cortante do que uma espada afiada dos dois lados, que penetra fundo a ponto de separar alma e espírito, juntas e medulas, pensamentos e desejos do coração, mostrando-nos como somos na realidade (Hb 4.12).*

O Lapidador usa o poder da Sua Palavra para nos mostrar quem somos na realidade das lutas, adversidades e pressões da vida. A Palavra vai revelar nossas impurezas, mas também vai revelar a beleza oculta dentro de nós, aquelas que somente virão à tona depois de sermos lapidadas pelo Especialista.

Ele também usa outro elemento maravilhoso.

Azeite

> *Deram também especiarias e azeite de oliva para a iluminação, para o óleo de unção e para o incenso aromático especial (Êx 35.28).*

Iluminação, unção e perfume. Estas são apenas três das inúmeras funções do azeite, o mesmo que o Lapidador usa no nosso processo de aperfeiçoamento. O azeite já era cultivado há mais de 3.000 anos antes de Cristo, e há mais de 6.000 anos era usado pelos povos da Mesopotâmia como protetor do frio. Nesta mesma época os soldados se untavam de azeite para se proteger do frio nas batalhas. A partir do século 7 a.C. o azeite começou a ser investigado por filósofos, médicos e historiadores por suas propriedades benéficas ao ser humano. Passou a ser usado não somente na culinária, mas como medicamento, unguento, bálsamo, perfume, combustível para iluminação, lubrificante de alfaias, impermeabilizante de tecidos e por aí vai. Na Bíblia, o azeite tipifica a presença do próprio Espírito Santo.

> *Mande o povo de Israel trazer azeite de oliva puro para o candelabro, para que as lâmpadas fiquem sempre acesas* (Lv 24.2).

Na cultura judaica, o azeite sempre esteve associado ao sentimento de alegria, enquanto a sua falta sempre teve a conotação de tristeza e humilhação.

> *O Senhor respondeu ao seu povo: "Vejam, eu vou dar a vocês cereais, vinho novo e azeite suficientes para acabar com suas necessidades. Vocês nunca mais serão motivo de zombaria entre os povos"* (Jl 2.19).

Até mesmo Jesus teve que passar pelo processo da água e do azeite, nas mãos do Lapidador. Antes de Sua morte, Ele agonizou no jardim do Getsêmani, que significa "lagar do azeite".

> *Nisso eles chegaram a um bosque de oliveiras chamado Getsêmani, onde Jesus ordenou aos discípulos: "Sentem-se aqui, enquanto vou orar". Levou consigo Pedro, Tiago e João, e começou a encher-se de profunda aflição e angústia. E disse-lhes: "A minha alma está esmagada pela tristeza a ponto de morrer; fiquem aqui e vigiem comigo". Ele foi um pouco mais adiante, prostrou-se e orou para que, se fosse possível, a hora horrível que o esperava não chegasse. "Pai, ó Pai!", dizia ele. "Tudo é possível para o Senhor. Afaste esse cálice de mim. Contudo, seja feita a sua vontade, e não a minha"* (Mc 14.32).

Jesus também foi esmagado, lapidado, moído antes de ser exposto com os nossos pecados, a fim de que a nossa impureza ficasse escondida atrás de Seu sangue, nossa dívida exposta na cruz e nossa verdadeira beleza revelada nEle, nosso Salvador, nosso bem maior. Se hoje somos joias preciosas, é porque Jesus não negou o processo que Lhe foi proposto.

Cada vez que você achar que não vai suportar, mulher, lembre-se que não está na mão de um amador, mas nas mãos do Rei dos reis, JESUS!

E nós, será que estamos dispostas a suportar o nosso? Antes da promessa de nos tornarmos finas joias, existe a lapidação. Mas não há por que nos preocuparmos. Não quebraremos em Suas mãos. Ele usará em nós a água pura e sem mistura da Sua Palavra e o azeite do Espírito Santo, que é a Sua presença, para nos fazer suportar cada movimento de rotação do disco. Cada vez que você achar que não vai suportar, mulher, lembre-se que não está na mão de um amador, mas do Especialista que não somente conhece as suas veias, mas viu você quando ainda estava sendo formada, no ventre da sua mãe, aonde ninguém mais tinha acesso. Ele sabe de onde você veio. Ele conhece a sua história e sabe muito bem onde pretende depositar você depois do processo de lapidação. Você não está na mão do Lapidador para ser quebrada, mas para ser aperfeiçoada. Você não é uma imitação qualquer de uma semijoia barata. Você é uma pedra preciosa, linda e insubstituível que um dia será revelada pelo Deus que a formou e a lapidou para ser vista e apreciada por multidões. Fique firme durante o processo.

2. Não existem pedras preciosas sem valor. Existem pedras valiosíssimas que ainda não chegaram às mãos certas.

Enquanto eu escrevia este capítulo, tive uma experiência marcante. Fui abordada por uma pastora durante uma conferência em Brasília. Ela me entregou uma pedra preciosa dentro de um saquinho transparente e disse que depois da reunião me explicaria. Ao final do evento ela se apresentou a mim como uma pastora — não vou revelar seu nome para proteger a sua privacidade — e me contou o motivo daquele presente. Contou que trabalhava com pedras preciosas e que Deus a havia abençoado muito através deste negócio. Então começou a chorar e me agradecer porque em seus momentos mais sombrios eu a havia alcançado e consolado com minhas canções, mesmo sem a conhecer. A forma que ela encontrou de me retribuir foi oferecendo-me o que tinha de valor: uma pedra preciosa. Não pude recusar a sua oferta de amor. Depois vim a saber que se tratava de um topázio, uma das pedras mais valorizadas da atualidade pela sua raridade e beleza. Fiquei muito agradecida a Deus por ter usado aquela mulher tão sensível para confirmar ao meu coração a palavra que eu desejava compartilhar com vocês, mulheres preciosas desse tempo.

Dentro daquele saquinho, aquele topázio seria apenas mais uma pedra linda. Teria o seu valor, mas ninguém jamais saberia. Seria apenas uma joia escondida. Porém eu tenho outros planos para essa pedra. Vou levá-la até um joalheiro de confiança, que irá achar um jeito de combiná-la a um lindo colar de ouro, e esta pedra não mais ficará guardada em um saquinho dentro da bolsa. Será usada como um adorno. Mais do que um adorno, será, pelo menos para mim, um símbolo profético de que Deus confirmou ao meu coração a palavra que Ele desejava que eu compartilhasse com cada mulher preciosa dessa geração.

3. Não existe apenas uma espécie de pedra preciosa, mas uma variedade incrível delas.

Embora o diamante seja uma das pedras mais disputadas pelo seu grau de dureza e seu brilho, não é a pedra mais cara do mundo atualmente.

Hoje, a pedra mais cara do mundo não é a mais bonita nem a mais resistente, porém a mais rara. Seu nome é jadeíte. Ela chegou a ser vendida em uma joia com apenas um milímetro e meio por 8 milhões de euros, dando respaldo ao ditado que diz que "tamanho não é documento". Cada quilate seu custa 2,8 milhões de euros. Existem apenas dez jazidas de jadeíte no mundo. Uma das mais importantes fica no vale de Motagua, na Guatemala. Essa jazida tem uma particularidade: cientistas americanos do Departamento de Ciências Planetárias do Museu Americano de História Natural descobriram duas jazidas de jadeíte de idades e mineralogias[1] diferentes. Isso é um fato inédito.

O que ocorre é que a Guatemala está situada acima de uma superfície de 109.000 km^2, acima da placa tectônica norte-americana, ao lado de outra placa tectônica, los Cocos, ao sul do país. Logo em frente à placa de "los Cocos" está outra placa, a do Caribe. Temos, nesse caso, três placas tectônicas que se movimentam e causam erupções vulcânicas, terremotos e falhas. As jazidas de jadeíte estão na borda da falha de Motagua, que é uma brecha natural situada entre a placa tectônica da América do Norte e a placa caribenha. A geologia dessas duas placas é bem diferente, e é por isso que o jade encontrado no norte e o jade encontrado no sul da falha são tão diferentes. O sinal de que existe jadeíte no solo é uma serpentinita, ou seja, uma rocha metamórfica formada a partir do magma e dos sedimentos da terra. Esse nome se deve à semelhança com a pele de uma serpente.

O movimento das placas tectônicas produz erupções vulcânicas, terremotos e falhas geológicas, mas também produz joias raríssimas, as mais caras e preciosas da atualidade.

Talvez a sua vida seja feita somente de erupções, terremotos e falhas, mas eu digo que de toda essa mistura de aparentes tragédias naturais Deus pode produzir uma joia de valor inestimável. Talvez você nem seja o que chamam de mulher bonita, dentro dos padrões de beleza que a mídia impõe, mas saiba que isso também não é o que determina o

---

[1] Ramo da geologia que estuda a composição química, as propriedades físicas, a estrutura, a aparência, a estabilidade, a ocorrência e a associação dos minerais.

seu real valor. Para ser preciosa, você não precisa ser, necessariamente, um diamante, um rubi, um topázio ou uma jadeíte. Só precisa ser você mesma, com todas essas características que Deus lhe deu quando a formou de um modo tão assombrosamente maravilhoso.

Saiba que, por mais preciosos que sejam os tesouros escondidos na obscuridade das profundezas, e por mais raras que sejam as jazidas que contêm estas pedras, jamais será encontrada uma joia tão perfeita e preciosa como você, mulher. Tudo de que você precisa é passar pelas mãos de Jesus Cristo, o lapidador especialista em pedras brutas e escondidas.

CAPÍTULO CATORZE

Pequenos detalhes

Depois de ter passado pelas mãos do Lapidador, que não somente avaliou, mas também revelou ao mundo o seu valor, as outras qualidades dessa mulher de Provérbios 31 são apenas pequenos detalhes a serem observados. O desafio maior já passou. Se o processo de lapidação foi suportado, as impurezas e impossibilidades ficaram no passado. Daqui para a frente tudo é possível a essa mulher mais valiosa do que ouro e pedras preciosas.

1. Ela transmite tranquilidade

> *O marido dessa mulher fiel e dedicada está sempre tranquilo, pois ela nunca deixará faltar nada para ele. Ela sempre procura ajudar o marido; sempre procura o bem-estar dele, nunca o mal (Pv 31.11-12).*

Uma mulher de valor não perde o controle da situação. Ela sabe que, mesmo quando tudo desaba ao seu redor, existe um Deus que está no controle. Ele tem uma saída para toda e qualquer situação. Enquanto o diabo trabalha de forma incansável a fim de desconstruir a unidade do relacionamento conjugal, Deus continua contando com mulheres cheias de disposição e vontade de fazer dar certo. Em vez de competir com o marido, essa mulher vai ajudá-lo. Em vez de pensar somente em si mesma, ela vai procurar o bem-estar do seu amado. Ela agirá assim não por ser perfeita, mas por ser uma joia preciosa. Mulheres preciosas, mesmo que falhem eventualmente em sua missão, jamais perderão o seu valor.

> *Uma mulher de valor não perde o controle da situação. Ela sabe que, mesmo quando tudo desaba ao seu redor, existe um Deus que está no controle.*

2. Ela é operosa

Ela compra a lã e o linho e com prazer trabalha com as mãos. De lugares distantes ela traz comida para o lar com os navios mercantes (Pv 31.13-14).

Se naquele tempo não havia espaço para mulheres preguiçosas, imagine hoje, neste mundo competitivo no qual vivemos. Já não precisamos recorrer aos navios mercantes para comprar comida. Só precisamos de um aplicativo no *smartphone*. No entanto, existem mulheres que nem mesmo assim se movem do lugar. Mulheres virtuosas não fazem apenas o que precisa ser feito, mas fazem com prazer e vão sempre além de suas meras obrigações. Elas empregam amor em tudo o que realizam. Nem sempre somos motivadas pela vontade, mas o amor supera o desânimo, e assim conseguimos concluir o que começamos.

3. Ela não negocia o seu lugar de autoridade no lar

Antes de o sol raiar ela já está em pé, preparando a primeira refeição da família e planejando o serviço de suas servas. Ela sabe negociar! Compra um terreno e planta uma horta com o dinheiro que ganhou com seu trabalho. Ela está sempre disposta e não foge do trabalho pesado. Ela sabe que seu trabalho ajuda a sustentar a família, e ela trabalha até altas horas da noite (Pv 31.15-18).

Existem coisas que ninguém fará por você. Perceba que essa mulher tem empregadas, mas ela não se exime de suas responsabilidades. Ela está sempre disposta e não foge do trabalho pesado. Quem quer comandar precisa saber fazer. Aprendi com a minha pastora Elizete Malafaia o seguinte princípio: "Todas teremos que ser líderes em alguma área da vida, mesmo que sejamos líderes de nós mesmas". Quem não consegue liderar a si mesma não pode liderar outros. Quem não consegue se controlar em seus gastos não pode administrar as finanças na casa. Quem não está disposta a trabalhar pesado também não está preparada para desfrutar.

Acordar cedo para mim sempre foi um desafio. Sou uma pessoa noturna. Eu sempre dormia nas primeiras aulas quando estudava pela manhã. Pecado confessado. Porém, nas madrugadas fico atenta às ideias que Deus costuma me dar. Eu escrevo, componho, crio, oro, estudo, vivo de madrugada. Encontre o seu melhor horário, mulher. Pode ser pela manhã bem cedo, ou pode ser até altas horas da madrugada, mas o importante é que você não abra mão do seu papel relevante no lar e na sociedade.

4. Ela demonstra generosidade

Com a agulha e a linha ela faz roupas e ajuda os pobres e necessitados (Pv 31.19-20).

Lembro que, quando cheguei ao Rio de Janeiro, aos 5 anos de idade, junto com meus pais e irmãos, não tínhamos como comprar roupas novas. Meu pai havia arrumado um emprego, mas o que ganhava só dava para pagar aluguel, alimentação e nossas escolas, que ele fazia questão de serem particulares, apesar de localizadas dentro do modesto bairro onde morávamos. Lembro-me como se fosse hoje da alegria que tomava conta do nosso coração cada vez que chegava do correio uma caixa enorme que a tia Lucia, minha tia costureira, mandava lá de Fortaleza. Eram as roupas que ela costurava para nós, com os retalhos que sobravam dos vestidos que ela confeccionava para as madames de Fortaleza. Esse gesto marcou nossa vida. A generosidade existe para mudar e marcar positivamente a vida de alguém.

No que depender de mim, jamais serei capaz de marcar a vida de ninguém costurando, porque essa não é a minha arte. Mas Deus me capacitou com outros talentos que, sem dúvida, servirão para manifestar esse fruto do Espírito. Uma mulher virtuosa achará um jeito de ser generosa. Está em sua natureza preciosa.

5. Ela não tem medo do futuro nem das diferentes estações da vida

> *Quando chega o inverno, ela não precisa se preocupar porque já preparou roupas quentes para toda a família. Ela mesma faz as cobertas, e seus vestidos são de linho fino e de púrpura* (Pv 31.21-22).

"Eu não preciso me preocupar com o que virá, já basta a cada dia o seu mal. Eu só tenho que confiar e descansar porque Deus está no controle..." Ela se antecipa sem demonstrar ansiedade. Ela vive pela fé e isso lhe garante confiança nos dias vindouros. Quando chega o inverno... ela já preparou. Se temos uma certeza nessa vida, é de que as estações mudarão.

> *Enquanto durar a terra, sempre haverá semeadura e colheitas, frio e calor, inverno e verão, dia e noite* (Gn 8.22).

Deus determinou que fosse assim. Podemos nos deliciar no frescor da primavera e sentir o cheiro das flores, mas também ficaremos suadas no verão, e chuvas torrenciais cairão, com raios e trovões barulhentos. Mas as chuvas, embora causem transtornos, são necessárias para regar a terra e fazer com que brotem as sementes que foram plantadas. O outono vem logo depois, trazendo um tom amarelado e nostálgico à natureza. Tempo de acasalamento entre os animais. Tempo de clima gostoso e temperaturas amenas. Até que o inverno encubra os últimos raios de sol e traga o frio que nos faz entrar na caverna de nossa própria vida. Às vezes ele vem com tanto rigor, que tudo o que queremos é fazer como os ursos: hibernar até que ele acabe. Pensar no inverno dessa maneira nos traz medo e tristeza, mas a Bíblia diz que não à mulher virtuosa. Ela não tem medo do inverno porque já se preparou.

Uma mulher virtuosa não precisa sofrer antes do tempo, mas quando chega o sofrimento ela tem suprimento espiritual para suportar o que tiver que suportar.

Preparar-se para as estações difíceis da vida não é o mesmo que sofrer antecipadamente, mas orar fervorosamente em todas as demais estações. Uma mulher virtuosa não precisa sofrer antes do tempo, mas quando chega o sofrimento ela tem suprimento espiritual para suportar o que tiver que suportar. Ela se preparou em Deus, cultivando um relacionamento íntimo e pessoal com o Senhor. Isso sim faz toda a diferença na vida de uma mulher, seja qual for a estação.

6. Ela é responsável pela boa reputação do seu marido

Seu marido é conhecido e respeitado em sua cidade; será eleito para cargos importantes da sua terra (Pv 31.23).

Uma mulher que passa o tempo todo reclamando do marido aos quatro cantos não resolverá o seu problema e ainda adicionará outro à sua lista. Maridos problemáticos pioram nas mãos de mulheres fofoqueiras e murmuradoras. Por outro lado, mulheres que contam seus problemas conjugais a Deus, em vez de difamarem o seu cônjuge, certamente alcançarão o seu milagre em tempo oportuno.

No início do meu casamento, nos piores momentos que passei ao lado do meu marido ainda completamente escravizado pelas drogas, eu me recusava a contar aos outros o que eu passava. Eu tinha uma ou duas amigas de minha inteira confiança com as quais eu chorava, mas eu não revelava a todos o que eu enfrentava porque pensava: "Um dia ele vai ser liberto, Deus vai realizar a obra de libertação que prometeu na vida dele, eu vou perdoar, mas não posso dizer o mesmo dos nossos familiares e amigos. Prefiro que eles tenham o registro da libertação dele do que o registro das minhas dores".

Uma mulher que fala bem do seu marido abre portas para si mesma e abençoa toda a família.

Uma mulher que fala bem do seu marido abre portas para si mesma e abençoa toda a família. Uma mulher que vive reclamando do marido para os filhos lhes faz um desfavor, já que ela é responsável por revelar-lhes o pai, de acordo com a psicologia. Tenho visto muitos filhos sem referência masculina em casa, não apenas por causa da fraqueza de seus pais, mas porque suas mães passaram a vida toda amplificando aos quatro cantos os defeitos de seus pais.

7. Ela é uma solucionadora de problemas, o que lhe garante sossego a respeito do futuro

> *Ela faz roupas de linho e as vende, e fornece cintos para os comerciantes. Suas grandes virtudes são a energia e a honra. Ela não se preocupa com o futuro (Pv 31.24-25).*

Mulheres que vivem dando desculpas aos outros sobre os seus fracassos, em vez de encontrarem maneiras criativas de solucionar seus problemas, verão as melhores oportunidades sendo aproveitadas por outras. Oportunidades não caem do céu de graça. Deus dá a terra, a chuva e a semente; plantar é com a gente. Infelizmente estamos diante de uma geração de jovens que têm tudo a um clique do dedo. Se não gostam da imagem, passam a tela ou deletam. São tantas as oportunidades e possibilidades que eles ficam entediados e acabam protelando suas escolhas. Lamentável. Deus conta com um exército de mulheres capazes de usar essas duas virtudes que Ele já lhes deu: energia e honra. Energia para executar suas tarefas e honra para concluí-las. Uma coisa é começar e outra é terminar. Mulheres comprometidas com Deus não concluem um trabalho apenas para o marido, para o patrão ou mesmo para o pastor. Elas o fazem para o Senhor. Essa capacidade lhes garante tranquilidade em seu futuro. Afinal, o futuro estará sempre a um passo do nosso agora.

8. Ela sempre se supera

Ela cuida muito bem da sua casa e nunca dá lugar à preguiça (Pv 31.27).

Nem sempre dá vontade de fazer o que deve ser feito. Porém, o peso da responsabilidade, junto à consciência de que o que fazemos é por uma causa muito além de nós mesmas, motiva-nos a não abandonar o posto. O fato de sermos profissionais liberais não nos isenta de nossas responsabilidades no lar. A mulher de Provérbios 31 é tão atual que consegue ser negociante, empreendedora, vendedora, compradora, sem deixar que a sua casa fique jogada às traças. É difícil conciliar todas essas tarefas, mas é possível. Se existe alguém que consegue acumular tarefas, esse alguém é a mulher. Não qualquer mulher, mas a virtuosa, a mais valiosa do que pedras preciosas. Estou falando de mim e de você.

PEQUENOS DETALHES

9. Ela é amada e elogiada pelos que a conhecem entre quatro paredes

Seus filhos a respeitam e a elogiam; seu marido também a elogia, dizendo: "Pode haver muitas esposas exemplares neste mundo, mas eu tenho certeza que nenhuma delas é melhor que você" (Pv 31.28-29).

Felizes as mulheres que têm o seu valor reconhecido enquanto estão vivas. Principalmente se esse valor vier daqueles que ela mais ama. Porém, eu gostaria de confrontar você com a seguinte pergunta: Você costuma elogiar as pessoas com quem convive? Você é uma pessoa que enaltece as qualidades dos outros ou vive com uma lupa sobre os seus defeitos? Muitas vezes queremos ser elogiadas, mas nos recusamos a elogiar. Queremos que nos demonstrem amor, mas escondemos os nossos sentimentos nas gavetas mais profundas do nosso ser, talvez porque fomos criadas assim, com poucos beijos, abraços ou expressões de carinho. Minha palavra para você hoje é: Nunca é tarde demais para adquirir bons hábitos. Quem quer receber precisa estar disposto a oferecer. Pense nisso e lembre que toda mudança traz em si um desconforto inicial e requer um período de adaptação, mas no final, se for uma mudança para melhor, trará muitos benefícios e agregará valores à sua história de vida.

Você costuma elogiar as pessoas com quem convive? Você é uma pessoa que enaltece as qualidades dos outros ou vive com uma lupa sobre os seus defeitos? Muitas vezes queremos ser elogiadas, mas nos recusamos a elogiar.

Saiba porém, que, recebendo o merecido reconhecimento ou não, você é única. Não existe outra igual a você. Deus a ama de forma única e verdadeira. Você tem valor para Deus e está viva neste tempo por um propósito maravilhoso e sobrenatural, recebendo elogios dos outros ou não. Não se torne refém de elogios ou da opinião alheia, e não se prive de abrir a boca e demonstrar com palavras o seu amor e a sua admiração pelos que convivem com você. Afinal de contas, aprendemos com o nosso mestre Jesus que *melhor coisa é dar do que receber* (At 20.35).

10. Ela é bela por dentro e por fora

> *Os encantos de uma mulher podem ser apenas uma ilusão, e a beleza não dura para sempre. A verdadeira beleza, a verdadeira honra de uma mulher está em temer o SENHOR* (Pv 31.30).

Sansão se deu muito mal ao se deixar seduzir por uma mulher cujos encantos eram apenas uma ilusão. Ele abriu mão de sua unção e foi vencido pelas mentiras de Dalila, cuja beleza era apenas um disfarce da sua aliança com os inimigos do povo de Deus.

> *E ela foi importunando Sansão todos os dias, a ponto de sua alma se angustiar até a morte. E ele acabou contando tudo o que tinha em seu coração: "Meu cabelo nunca foi cortado", disse ele, "pois sou nazireu, especialmente consagrado ao SENHOR, desde antes de nascer. Se cortarem o meu cabelo, perderei a força e ficarei tão fraco como qualquer outro homem". Quando Dalila viu que dessa vez Sansão tinha dito a verdade, mandou aos oficiais filisteus o seguinte recado: "Venham mais esta vez para cá, pois dessa vez ele abriu o seu coração para mim". Os oficiais foram à casa dela, levando a prata prometida. Então Dalila fez Sansão dormir nos joelhos dela. Depois mandou alguém cortar o cabelo dele. Dalila percebeu que já podia ter domínio sobre Sansão, e que ele já não tinha mais aquela força extraordinária* (Jz 16.19).

Ao contrário da mulher virtuosa de Provérbios 31, Dalila seria o que toda sogra chamaria de um pesadelo de olhos abertos. Era oportunista, mentirosa, interesseira e sem temor a Deus. Usava a sua beleza para conseguir o que queria. Usava as pessoas e amava as coisas. O mundo está repleto de mulheres assim. Hoje em dia, quando nos referimos a Dalila em nossas mensagens, jamais falamos dela de forma positiva. Ela jamais será elogiada pelo que fez. Com certeza era deslumbrantemente linda, mas sua maldade superou sua beleza. Ela sempre será lembrada pelo mal que causou ao servo de Deus que, por sua vez, não vigiou.

Que você não seja lembrada neste tempo ou em tempos futuros pela maldade que causou às pessoas, mas pelas virtudes que fizeram de você uma mulher verdadeiramente bela e digna dos melhores elogios.

11. Ela será recompensada

> *A mulher que fizer isso será elogiada diante de todos; receberá a recompensa merecida.* (Pv 31.31)

Deus é especialista em nos recompensar pelo bem que escolhemos fazer. Ele não é como muitos de nós que, em vez de elogiarmos os nossos filhos pelas vezes em que acertaram, soltamos aquela frase impiedosa que também ouvimos dos nossos pais: "Você não fez mais do que a sua obrigação". Ao contrário do que muitos pregam por aí, Deus não anda com um chicote procurando a quem possa açoitar. Embora corrija os Seus filhos e os discipline por amor, Ele também ama recompensá-los. Os presentes que Deus reservou para seus filhos são para este tempo e também para a eternidade.

> *E Jesus respondeu: "Eu quero garantir-lhes que não há ninguém que tendo abandonado lar, irmãos, irmãs, mãe, pai, filhos ou propriedades, por amor de mim, para contar aos outros a boa-nova, não receba de volta, cem vezes mais, lares, irmãos, irmãs, mães, pais, filhos e terras, com perseguições! Tudo isso será dele aqui na terra, e, no mundo futuro, terá a vida eterna"* (Mc 10.29-30).

Minha leitura de Provérbios 31 nem sempre foi esta. Na verdade, eu tinha raiva desse texto da "mulher virtuosa" porque via nele um padrão elevadíssimo de conduta e pensava jamais ser capaz de atingir um patamar assim. Até que compreendi que esse padrão só é possível em Cristo. A glória é dele, a honra é dele e não há de que nos orgulharmos ao atingirmos tal patamar. Não nascemos prontas, mas nascemos com tudo de que precisamos dentro de nós, e esse tesouro será revelado no momento certo, quando aprouver a Deus e quando Ele entender que o processo da água e do azeite aplicados na medida certa fizeram efeito na pedra e cumpriram o seu objetivo.

Se por um lado não existem mulheres perfeitas, existem mulheres que podem ser aperfeiçoadas pelo Lapidador, Aquele que nos criou e nos amou mesmo antes de nos revelar ao mundo.

Se por um lado não existem mulheres perfeitas, existem mulheres que podem ser aperfeiçoadas pelo Lapidador, Aquele que nos criou e nos amou mesmo antes de nos revelar ao mundo. Esse amor é a nossa maior recompensa. Diante dessa certeza, e tendo consciência do seu valor para Deus, todas as demais virtudes são apenas um pequeno detalhe. Pode respirar fundo e seguir em frente, mulher virtuosa. Você vale muito mais do que ouro e pedras preciosas.

CAPÍTULO QUINZE

Gerando pérolas

Este é o testemunho da Renata Ariane Costa Matheus[1]:

No dia 6 de setembro de 2018, acordei com minha filha Rebeca me chamando, dizendo que estava com muita dor de cabeça e muita moleza no corpo. Levantei e a levei ao médico. Chegando ao hospital, o médico disse que era uma gripe forte, receitou remédios e fomos embora. No dia seguinte, 7 de setembro, ela acordou novamente com fortes dores de cabeça, então o pai a levou ao médico. Chegando lá, ela tomou soro com Dipirona, mas não obteve melhoras. O médico pediu uma tomografia e um exame de sangue. Ela foi encaminhada para a sala de tomografia já dormindo. A partir dali não conseguimos mais vê-la e nem falar com ela. Levaram-na direto para a sala de emergência. Foi quando a médica chamou o meu esposo e lhe disse: "Infelizmente, o estado de saúde da sua filha é gravíssimo! Ela está com coágulo em boa parte do cérebro e foi diagnosticada com leucemia aguda, extremamente agressiva. Está sendo entubada e ficará em coma induzido, pois se fizermos uma

---

[1]Renata Ariane Costa Matheus é pastora da Comunidade Evangélica Restaurar em Bauru, São Paulo.

cirurgia para drenar o sangue, ela pode ter uma hemorragia interna e falecer no centro cirúrgico."

Os médicos não podiam fazer nada, apenas o Médico dos médicos, e era nEle que depositaríamos a nossa fé e confiança. Começamos, então, a nossa luta de oração, crendo e declarando palavras de cura sobre nossa filha. Foram dias intermináveis de muita dor. Rebeca parecia estar dormindo, e mesmo sabendo que seu estado de saúde se agravava, não perdíamos a fé. Eu dizia toda hora: "Eu creio até o fim!"

Cada vez que a visitávamos, recebíamos notícias piores: o rim parando, as plaquetas que não subiam, e assim foram se passando os dias 7, 8, 9... até que no dia 10, segunda-feira, entramos para vê-la. Fechamos a cortina e começamos a guerrear e chorar declarando o milagre. De repente meu esposo disse: "Amor, é hora de fazermos a entrega." Eu respondi: "Como assim? Não aceito!" Ele insistiu: "Veio dEle! Como Abraão entregou Isaque."

Então, oramos e dissemos ao Senhor: "Seja feita a Tua vontade. Entregamos nossa filha a Ti". Nós entregamos a nossa primogênita a Deus e fomos embora. No dia seguinte, 11 de setembro de 2018, voltamos ao hospital no mesmo horário de costume das visitas e, quando chegamos, fomos chamados para uma sala. Naquele instante, eu ainda acreditava que os médicos iriam me dizer que havia acontecido um milagre. Porém, quando chegamos a essa sala, estavam presentes o psicólogo do hospital, o capelão hospitalar e o médico. Eles nos deram a notícia de que nossa princesa havia partido. Eu não queria acreditar! Foram quatro dias de muito choro e clamor naquele hospital. Nós havíamos orado e cantado no estacionamento do hospital nos dois períodos de visitas (manhã e tarde), mais de duzentas pessoas, entre irmãos, amigos e familiares, fora os demais na cidade de Bauru, nos Estados e até fora do Brasil. A igreja do Senhor havia se unido para clamar ao Senhor.

Ao receber aquela triste notícia eu pensei: Como sair dali e falar a todos que Deus havia recolhido a mais bela flor para o Seu jardim, minha filha? Que sentimento de derrota!

Havíamos pedido tanto! Clamamos com tanta fé, até jejuamos, e parecia ter sido em vão. O sentimento era de total frustração. Porém, fomos para o colo de Deus, de onde viria o nosso consolo. Somente Ele poderia nos socorrer. Ele respondeu dando-nos Sua graça e Sua força! O velório da Rebeca abalou a cidade de Bauru e regiões circunvizinhas. Passaram mais de dez mil pessoas por ali, entre eles muitos jovens e adolescentes que estavam afastados do Senhor e se reconciliaram. Deus trouxe um despertar no meio deles. O sepultamento dela foi como o de uma princesa. Ela recebeu mais de cinquenta coroas de flores de todas as igrejas e denominações de Bauru. O cortejo fúnebre foi acompanhado pela Polícia Militar, pelo Corpo de Bombeiros e pelo Águia. Foram dias difíceis, muito difíceis!

No domingo seguinte, dia 16, daquela mesma semana, fomos ao culto. Sim, fomos procurar cura no altar, no mesmo local onde velamos nossa filha, porque aquele não seria para sempre um lugar de morte. Aquele seria para nós um lugar de vida. Fomos adorar ao Senhor, porque nos apegamos à Sua Palavra que nos diz: *E sabemos que todas as coisas contribuem juntamente para o bem daqueles que amam a Deus, daqueles que são chamados segundo o seu propósito* (Rm 8.28). O difícil foi continuar acreditando... O difícil foi pregar milagre, fé e cura divina, quando o milagre não aconteceu para nós. Não foi fácil levantar e continuar adorando ao Senhor Jesus em meio às cinzas e ao luto.

Depois de 23 dias da partida da nossa princesa Rebeca, tínhamos uma conferência de mulheres a ser realizada. Decidimos não desmarcar, porque vimos que Deus tinha um propósito nisso também.

O tema era Mulheres Pérolas. Junto comigo, a preletora convidada seria a Eyshila. Só Deus sabe a dor que estávamos sentindo!

O tema foi profético: *Pérolas são geradas na dor.* Estávamos ali como testemunhas vivas do milagre, o milagre que nós éramos. Estávamos juntas, extraindo o melhor de Deus, Suas pérolas, em meio à nossa dor. Foi forte demais o que Deus fez naquela conferência, na qual mais de quatro mil mulheres foram impactadas com a glória do Senhor Jesus. Nós cantamos, ministramos, profetizamos em meio à dor, tudo isso porque compreendemos que o altar é lugar de restauração para nossa vida, lugar onde somos curadas para curar. Eis-nos aqui, Senhor!

É necessário entregar e confiar!

No dia da conferência lancei um livro que eu já estava escrevendo há anos: *Gere suas pérolas: mente curada, mulher transformada*. O que eu não imaginava era que seria um processo tão doloroso. A partida da minha filha gerou uma pérola em mim. Acredite nos sonhos de Deus para você. Acredite nas promessas do Senhor e não desista do que Deus tem para a sua vida. Mesmo em meio às perdas, levante-se! Deixe que Deus cure as suas feridas e troque as suas cinzas por uma coroa de glória! Deixe que Deus derrame óleo de alegria sobre o seu pranto!

Não digo que tem sido fácil, mas decidimos não parar diante dos desafios:

- Saudade
- Lembranças
- Dores
- Vazio
- Conflitos

O luto é difícil demais, mas temos nos levantado e prosseguido. Decidimos não parar. Vamos prosseguir gerando pérolas. O céu é o nosso limite.

Renata Ariane Costa Matheus

Confesso que, quando soube o que havia acontecido na vida da pastora Renata, pensei em desmarcar a minha ida. Eu tive tanto medo de reviver aquela dor! Porém, depois de orar e ter paz, decidi prosseguir com o compromisso. Foi muito difícil ver a tristeza estampada no rosto daquele pai, devastado pela saudade. Foi duro abraçar aquela mãe, uma mulher tão especial, e ter que segurar o meu próprio choro, porque eu conhecia bem o tamanho daquela perda. Ainda lembro a palavra que Deus ministrou ao meu coração naquela noite, como fonte de cura para aquela igreja que, embora fosse tão poderosa, estava sofrendo junto com aquela família a dor daquela despedida inesperada e precoce. Quero compartilhar alguns pontos dela com você. Vamos meditar na palavra?

> *Mais tarde, os exércitos dos reis de Moabe, de Amom e dos meunitas declararam guerra a Josafá e ao povo de Judá. Então informaram a Josafá: "Um enorme exército está vindo de além do mar Morto, da Síria, em Hazazom-Tamar, isto é, En-Gedi". Josafá ficou muito perturbado e resolveu pedir ajuda ao SENHOR e anunciou um jejum a todo o povo de Judá. Pessoas de todas as cidades vieram reunir-se em Jerusalém para buscar a ajuda do Senhor. Josafá se colocou em pé no meio da congregação de Judá e de Jerusalém, no pátio novo do templo do SENHOR, e fez esta oração: "Ó SENHOR, Deus de nossos pais, o único Deus que está nos céus, aquele que governa todos os reinos da terra. Força e poder estão em suas mãos. Quem pode resistir ao SENHOR? Ó nosso Deus, porventura o SENHOR não expulsou os habitantes que moravam nesta terra, diante de Israel, o seu povo, e não foi o SENHOR que deu esta terra para sempre aos filhos de seu amigo Abraão? O seu povo passou a morar aqui e construiu este santuário em honra ao seu nome, dizendo: 'Se enfrentarmos alguma calamidade como guerra, doença ou fome, nós nos colocaremos aqui diante deste templo, onde o SENHOR mora, e clamaremos ao SENHOR para salvar-nos em nossa angústia, e o SENHOR nos ouvirá e nos salvará'. Agora, pois, veja que estão aqui os exércitos de Amom, de Moabe e de Edom. O SENHOR não permitiu que nossos pais invadissem aquelas nações quando Israel saiu do Egito, por isso os israelitas se desviaram deles e não os destruíram. Veja agora como eles nos retribuem, pois vieram para expulsar-nos da terra, que o SENHOR nos deu por herança. Ó nosso Deus, o SENHOR não vai julgá-los? Não temos condições de enfrentar esse exército poderoso. Não sabemos o que fazer, mas estamos olhando para o SENHOR"* (2Cr 20.1-12).

Muitas de nossas batalhas aparecem no cenário da nossa existência exatamente assim: de forma inesperada. Sem avisar, elas chegam e ameaçam a nossa paz, nossa tranquilidade e nossa felicidade. São batalhas que nos tiram o equilíbrio e nos deixam devastados e temerosos. Como lutar com algo aparentemente mais poderoso? Como lidar com o desconhecido? O rei Josafá se sentiu assim: com medo, inseguro e confuso. O inesperado havia chegado. Um episódio que comprometeria não somente a sua vida, mas a vida de todos os que estavam atrás dos portões daquela fortaleza. A caminho de Judá estavam três exércitos humanamente mais poderosos, mais potentes e mais preparados. Não havia esperança alguma, humanamente falando.

No meio desse caos, Josafá encontra o seu lugar em Deus. Vamos percorrer os lugares espirituais por onde ele transitou.

1. Lugar de quebrantamento e dependência

Se existe uma coisa que precisamos aprender na hora da batalha é a chorar no lugar certo. O altar do Senhor é esse lugar onde as nossas lágrimas jamais se perdem. O choro é um recurso emocional tão poderoso que Deus entregou a nós, seres humanos, Seus filhos! Precisamos fazer uso dele da maneira correta. Chorar por chorar não vale a pena. Nossas lágrimas precisam de um destino: o altar. Quem está sofrendo, com medo, sentindo dor, diante de ameaças de morte e no meio de uma grande adversidade pode e deve chorar, mas tem que ser no altar, na presença de Deus.

Se existe uma coisa que precisamos aprender na hora da batalha é a chorar no lugar certo.

A pastora Renata não buscou o altar do Senhor em vão. Ela foi conduzida pelo Espírito Santo. Com o coração quebrantado e contrito diante do Senhor, ela e seu marido reconheceram que o luto seria uma batalha grande demais para ser enfrentada em outro lugar que não fosse a presença de Deus. O altar não é uma câmara de tortura; é o nosso refúgio, um lugar de cura. Quando choramos na presença de Deus, Ele nos conduz no caminho da superação e nos dá estratégias eficazes de guerra, a fim de que alcancemos a vitória que desejamos.

Renata precisava vencer a dor devastadora do luto. Qual é a sua batalha? Tudo aquilo que se apresenta diante de nós com um tom ameaçador, com aparência de devastação iminente e infinitamente maior do que possamos suportar, é a nossa batalha. Todos enfrentarão as suas. Nem mesmo os mais poderosos ficarão imunes.

Josafá não era um rei qualquer. Embora seu exército contasse com mais de um milhão de soldados, não era páreo para os três reinos que estavam gritando do lado de fora dos portões. Tem hora que os nossos recursos, por mais poderosos que sejam, não conseguem dar conta do recado. Tem hora que a nossa teologia não é suficiente. Há ocasiões em que os nossos argumentos não vencem. Tudo o que nos resta é o quebrantamento, esse lugar onde baixamos as armas e buscamos a Deus. Abrimos mão de tudo o que pensamos ser e nos rendemos diante dAquele que tem todo o poder. Nesse lugar compreendemos que Deus está no controle, não nós. Agora estamos prontos para ouvir Sua voz.

2. Lugar de unidade e comunhão

Pessoas de todos os lugares se reuniram para pedir ajuda ao Senhor... É incrível como uma batalha pode unir pessoas em favor de uma causa. Tanto na história da Renata quanto na minha, centenas de pessoas diariamente se reuniam no hospital para clamar por cura divina. Milhares de pessoas espalhadas por esse Brasil e por outras nações também oraram.

"Nenhuma oração se perdeu. Ninguém orou em vão. Quando Deus não atende uma oração, Ele muda um coração."

Na hora da dor, precisamos desse ajuntamento. Conversas ao redor da mesa, orações de mãos dadas, abraços que curam, tudo isso é essencial em momentos de crise e batalha pessoal. Seja qual for a luta, ela se torna mais tênue se a enfrentamos em unidade com os nossos irmãos. Não devemos nos isolar na hora da dor. Precisamos de amigos que nos encorajem, nos levantem e nos animem. Noemi teve sua Rute. Davi teve seu Jônatas. Paulo teve seu Silas. Moisés teve seu Josué. Elias teve seu Eliseu. Maria teve a sua Isabel. Você não tem que passar por isso sozinha.

Não devemos nos isolar na hora da dor. Precisamos de amigos que nos encorajem, nos levantem e nos animem.

Como é bom e agradável quando os irmãos vivem em união! (Sl 133.1).

Josafá percebeu que aquela seria uma batalha vencida em unidade. Então ele convocou o povo. Cada um tem o seu povo e sabe exatamente com quem pode contar na hora da angústia. Na antiguidade, os escudos usados nas batalhas tinham encaixes para que os soldados pudessem se unir quando a batalha se intensificasse. Nunca somos tão poderosos como quando somos "nós". Ah, os abraços que curam! Como são bem-vindos na hora da dor! Quando estamos perto das pessoas certas, sentimo-nos encorajadas a seguir em frente. As ameaças, outrora paralisantes, tornam-se molas propulsoras que nos direcionam ao milagre. Na comunhão, Deus ordena a bênção. Jesus declarou que estaria presente no mesmo lugar onde duas ou três pessoas estivessem reunidas em Seu nome. Há poder na oração da concordância. Há poder na unidade dos membros do corpo.

Tenho viajado por esse Brasil afora e visto o poder da unidade das mulheres. Elas têm se levantado como guerreiras, promovido congressos, defendido causas nobres, cumprindo o "ide" de Jesus. Que coisa poderosa é participar de eventos liderados por mulheres unidas! Quem disse que elas estão ali por diversão? Quem disse que elas não estão sofrendo, por trás daquela maquiagem, dos belos trajes e dos saltos altíssimos? Elas sofrem, mas avançam. Assim como a pastora Renata, que no meio do seu luto encontrou forças para reunir mais de 4 mil mulheres em uma conferência profética, muitas têm superado as suas próprias dores e encontrado cura nessa unidade proporcionada pelo ajuntamento do povo de Deus.

Recentemente, participei de um congresso em Bruxelas com a querida pastora Helena Tanure e pude ver mulheres de diversos países, mulheres acima de suas dores e crises, mulheres unidas adorando ao Senhor. Só a eternidade dirá o impacto que isso causou no mundo espiritual. Na hora da batalha, não se isole! Deus preparou amigos para se unirem a você nesse negócio contra o inimigo. Intercessores, ombros amigos, ouvidos que estão prontos a escutar o seu desabafo. Precisamos desse lugar de unidade e comunhão na presença do Pai.

3. Lugar de oração

Jesus orou com o povo. Jesus nos ensinou a orarmos sozinhos, no quarto, com a porta fechada. Só pode orar publicamente quem já está habituado a fazê-lo secretamente. Nossas orações públicas são ineficientes se não conhecemos o caminho do quarto secreto, a sós com Deus.

> *Mas você, quando orar, vá para o seu quarto, feche a porta atrás de você, e ore ao seu Pai que está em secreto; e seu Pai, que conhece os seus segredos, recompensará você* (Mt 6.6).

Josafá orou com o povo porque já estava acostumado a estar com Deus a sós. Colocou-se em pé diante da congregação porque já estava habituado a colocar-se de joelhos diante do Senhor em secreto.

Precisamos compreender que nossas batalhas jamais serão vencidas sem oração.

Precisamos compreender que nossas batalhas jamais serão vencidas sem oração. Seja publicamente ou em secreto, em alta voz ou com gemidos inexprimíveis, não daremos conta se não orarmos. A oração é a nossa conexão com Deus. Através da Palavra, Deus fala conosco. Quando oramos, nós falamos com Deus. Ele sabe do que precisamos mesmo antes de abrimos a boca, mas mesmo assim Ele nos incentiva a pedir, buscar e bater.

> *Peçam, e vocês receberão aquilo que pedirem. Procurem e vocês acharão. Batam, e a porta se abrirá. Pois todo aquele que pede, recebe. Qualquer um que procura, acha. Se vocês baterem, a porta será aberta* (Mt 7.7-8).

A oração, além de servir para comunicar a Deus nossos pedidos (embora Ele já saiba quais são), serve para que Deus nos lembre o quão limitados somos. Orar não é apenas sobre falar dos nossos problemas, mas sobre nos conectar com o Todo-poderoso, Aquele que está acima de tudo e de todos, Aquele que jamais perdeu uma batalha. Quando oramos, o nosso foco muda. Josafá, ao orar, começa a enaltecer a grandeza de Deus, a proclamar Seu poder e Seus feitos. Quando reconhecemos a grandeza do nosso Deus, nossas batalhas pessoais diminuem de tamanho. Os olhos que enxergam a grandeza e o poder de Deus não conseguem encarar a batalha sob a perspectiva do medo e da covardia. É isso que a oração faz: mostra-nos que não existem batalhas invencíveis se estamos diante do Deus verdadeiro. É por isso que na hora de nossas batalhas pessoais é essencial que encontremos o nosso lugar de oração.

> *Orem no Espírito em todas as ocasiões, com toda oração e súplica. Fiquem alertas. Não desanimem e continuem orando fervorosamente por todos os cristãos em toda parte* (Ef 6.18).

Encontrei o meu lugar de oração dentro do meu *closet*, no apartamento onde eu morava no Rio de Janeiro. O chão ficava inundado com as minhas lágrimas. Éramos eu, meu Deus e minha *playlist* de canções de oração. Quando eu saía do *closet*, sempre havia alguém do lado de fora me esperando para orarmos juntos. Aquele apartamento se transformou em um "entra e sai" de gente disposta a se juntar a nós com um propósito: orarmos por superação e cura sobre a dor. E como aquelas orações foram respondidas! Até hoje a resposta de Deus a elas nos mantêm de pé. Na hora da dor, do luto, das perdas, das enfermidades, da devastação causada pelos fracassos da caminhada, precisamos orar crendo que Deus é dominador sobre todos os reinos, e que em Sua mão estão a força e o poder. Não estamos nos dirigindo a qualquer um. Ele é o único Deus. Não há batalha que Ele já não tenha vencido na cruz do calvário.

4. Lugar de boas lembranças

No meio de uma ameaça de morte, Josafá começa a trazer à memória aquilo que Deus havia realizado no passado. Olhar para o passado com gratidão é uma boa estratégia na hora da batalha. O Deus que operou milagres no passado é o mesmo. Ele não diminuiu em tamanho ou em poder. Josafá fez uma lista dos feitos de Deus e apresentou a Ele, como se Ele não lembrasse. Mas é assim mesmo que se ora. Dizemos a Deus aquilo que, na realidade, nós é que necessitamos recordar.

Boas lembranças não existem para nos aprisionar ao passado, mas para nos provar que o Deus que agiu no passado é o mesmo que tem poder para fazer coisas infinitamente mais impactantes e poderosas no futuro. Trazer à memória um passado de vitória nos dá esperança para encararmos um futuro de glória. Não é saudável ficarmos aprisionados ao saudosismo, como se o que passou fosse tudo o que tivemos de bom, não restando mais nada. Deus ainda tem muito mais a nos oferecer no futuro. Boas lembranças servem para nos trazer esperança.

O apóstolo Paulo nos ensina em sua Carta aos Romanos o seguinte princípio:

> *Podemos nos alegrar, igualmente, quando nos encontrarmos diante de sofrimentos pois, sabemos que os sofrimentos produzem a paciência. E a paciência desenvolve em nós a força de caráter, e a força de caráter desenvolve em nós a esperança* (Rm 5.3-4).

Podemos nos alegrar até em meio às piores batalhas pessoais, sabendo que elas nos fazem percorrer um caminho que nos leva à esperança.

A esperança deve ser o destino de quem sofre, não o desespero. É para isso que existe esse lugar de boas lembranças: para nos dar esperança.

Nessa busca por esperança, vale sorrir vendo fotos, contando os fatos que marcaram, sentindo o cheiro das roupas que ainda ficaram. Vale lembrar dos bons momentos, vale até chorar, mas não vale parar. Também não vale se deixar aprisionar pelas lembranças. Elas existem para nos mostrar quem somos e que as pessoas que partiram sempre serão para nós. Boas lembranças não devem nos subjugar nem nos aprisionar ao passado. O Deus das boas lembranças também é o Deus de um glorioso futuro.

... e clamaremos ao Senhor para salvar-nos em nossa angústia, e o Senhor nos ouvirá e nos salvará (2Cr 20.9b).

5. Lugar de lucidez

Uma pessoa lúcida é aquela que tem a capacidade de compreender e expressar com clareza o que se passa em sua vida no meio em que vive. Na psiquiatria, a lucidez chega a ser definida como "período de sanidade percebido entre momentos de confusão mental." Percebo que algumas batalhas chegam a nossas vidas para nos roubar completamente o nosso senso de realidade. Ficamos atordoados, perdidos e sem direção. Mas há um lugar de lucidez e sensatez na presença do Senhor. Um lugar onde até mesmo aquilo que não faz o menor sentido assume forma de benção, por revelar-nos a grandeza e o amor desse Deus que não está atordoado, equivocado ou enganado em Suas decisões. É nesse lugar que temos uma nítida compreensão dos fatos, mas nem sempre somos compreendidos. É nesse lugar que as pessoas não conseguem decifrar nossos gemidos inexprimíveis, mas Deus nos revela o Seu coração. É lá que a nossa alma se torna transparente. Aliás, lúcido é também tudo aquilo que admite a passagem da luz.

Que haja luz sobre a sua dor. Que haja luz sobre o choro, sobre o medo, sobre as perdas, sobre a enfermidade, sobre a saudade, sobre a insegurança, sobre os pecados não confessados, sobre a angústia, sobre a mágoa, sobre o luto, sobre a frustração, sobre a devastação... Haja luz!

Deus suporta a nossa lucidez. Ele deseja que a Sua luz nos atravesse por inteiro e acabe com a escuridão que insiste em nos cercar.

O rei Josafá estava completamente lúcido a respeito da sua batalha e da força dos seus inimigos. Ele os apresentou a Deus da seguinte maneira: "Aqueles que poupamos quando saímos do Egito, aqueles a quem não destruímos, eles mesmos nos devolvem o bem com o mal. Querem roubar a nossa herança e nos expulsar da nossa terra". O inimigo vem para roubar tudo. Um dos seus adjetivos é "ladrão". Ele quer usar as batalhas para nos devastar completamente, sem que nos reste nada.

Como agradecemos a Deus por tudo isso! É ele quem nos faz vitoriosos por meio de Jesus Cristo, nosso Senhor! (1Co 15.57).

Quando encontramos esse lugar de lucidez em meio à guerra, conseguimos discernir a dureza do inimigo sem perder a percepção da grandeza do nosso Deus.

Mas apesar de tudo isso, temos uma vitória esmagadora por meio daquele que nos amou (Rm 8.37).

pois todo filho de Deus pode obedecer-lhe, derrotando o mundo. Com a nossa fé conseguimos a vitória sobre o mundo (1Jo 5.4).

As batalhas fazem parte da vida. Teremos que enfrentá-las enquanto estivermos vivendo nesse mundo. A vontade de Deus é que estejamos sóbrias, lúcidas, vigilantes e conscientes da batalha, sem permitir, no entanto, que essa lucidez tire o nosso foco do poder e da soberania de Deus.

Existe um lugar de lucidez onde Deus nos mostra o perigo iminente, mas é nesse mesmo lugar que Ele nos revela quem somos nEle, e quem Ele é para nós. Estar lúcida em meio à minha guerra contra a morte do meu filho me ajudou a ser consciente do perigo de morte que eu também corria. Morte dos meus sonhos, da minha família, das promessas de Deus para mim, do meu casamento e dos meus demais relacionamentos. É isso que acontece quando a morte chega: ela quer levar tudo o que temos. É nesse lugar de lucidez que percebemos toda a verdade sobre a batalha que se trava e somos fortalecidos pela Palavra. A poderosa Palavra de Deus traz luz à nossa escuridão e paz ao nosso coração. Estar lúcida é estar consciente sem se apavorar. É ter noção da dimensão da batalha sem se entregar. É saber com o que estamos lutando, sem perder a percepção do Deus que está à frente de tudo, pelejando por nós.

Assuma o seu lugar de lucidez nessa batalha, mulher! Você não foi chamada para viver alienada e indiferente. Acorde, você que está dormente. É nesse lugar de lucidez que Deus vai renovar a sua mente e preparar você para grandes conquistas.

7. Lugar de vitória antes do fim da batalha

Existe um lugar de vitória em Deus que é inegociável e não precisa de fatos concretos para existir. Simplesmente está ali, na vida de quem crê. Esse lugar existe a despeito de toda e qualquer circunstância.

> *Ó nosso Deus, o* Senhor *não vai julgá-los? Não temos condições de enfrentar esse exército poderoso. Não sabemos o que fazer, mas estamos olhando para o* Senhor (2Cr 20.12).

Quando declarou que não possuía recursos para enfrentar aquele exército, Josafá estava sendo lúcido. Quando confessou que não sabia o que fazer, estava sendo transparente. Porém, no momento em que declarou que seus olhos estavam postos em Deus, foi vitorioso.

Nossas batalhas não são vencidas apenas quando visualizamos o exército inimigo caído no chão, mas quando enxergamos o Deus que tem toda a honra, toda a glória, todo o poder e todos os exércitos da Terra em Suas mãos.

No momento exato em que colocamos os nossos olhos em Deus, nossas batalhas são vencidas no mundo espiritual.

Moisés venceu Faraó no mesmo instante em que pegou a serpente pelo rabo e ela se transformou novamente em uma vara, a mesma que ele levantaria ao céu enquanto estendia a outra mão em direção ao mar — o mesmo mar que se abriu para os filhos de Israel passarem a pés enxutos e que se fechou sobre os exércitos de Faraó.

Noé venceu o dilúvio no momento em que pegou o primeiro pedaço de madeira para construir a arca. Ana venceu a esterilidade no momento em que derramou a primeira lágrima no templo do seu Deus. Jesus venceu Satanás muito antes da fundação do mundo.

> Bendito o Deus e Pai de nosso Senhor Jesus Cristo, que nos tem abençoado com toda sorte de bênção espiritual nas regiões celestiais em Cristo, assim como nos escolheu, nele, antes da fundação do mundo, para sermos santos e irrepreensíveis perante ele; e em amor nos predestinou para ele, para a adoção de filhos, por meio de Jesus Cristo, segundo o beneplácito de sua vontade (Ef 1.1-5).

O final de cada batalha já está decidido na eternidade. O desfecho é este: "O cordeiro venceu". Se Ele venceu, nós também vencemos com Ele.

> Sabendo que não foi mediante coisas corruptíveis, como prata ou ouro, que fostes resgatados do vosso fútil procedimento que vossos pais vos legaram, mas pelo precioso sangue, como de cordeiro sem defeito e sem mácula, o sangue de Cristo, conhecido, com efeito, antes da fundação do mundo, porém manifestado no fim dos tempos, por amor de vós que, por meio dele, tendes fé em Deus, o qual o ressuscitou dentre os mortos e lhe deu glória, de sorte que a vossa fé e esperança estejam em Deus (1Pe 1.18-21).

Jesus resolveu completamente o problema do medo, da dor, da mágoa, do luto, do pecado, da vergonha, da solidão. Jesus venceu cada uma de

NADA PODE CALAR UMA MULHER DE FÉ

nossas batalhas antes mesmo que elas chegassem de forma inesperada e batessem à nossa porta, assim como aconteceu na vida do rei Josafá.

O desfecho dessa história não poderia ter sido mais glorioso. O Espírito do Senhor desceu no meio da congregação sobre um profeta chamado Jaaziel (seu nome quer dizer "observado por Deus"). Jaaziel foi o portador das boas notícias de Deus para aquele povo apavorado.

> Ele disse: "Escutem-me, todos vocês, povo de Judá e de Jerusalém, e também o rei Josafá! Assim diz o Senhor: 'Não tenham medo! Não fiquem desanimados por causa deste exército poderoso! Pois a batalha não é de vocês, mas de Deus! Amanhã, desçam e ataquem esse exército! Vocês vão encontrá-lo subindo as ladeiras de Ziz, no fim do vale, em frente do deserto de Jeruel. Mas vocês não terão de lutar! Fiquem em posição de combate, fiquem firmes e vejam a incrível operação de salvamento que o Senhor realizará por vocês, ó povo de Judá e de Jerusalém! Não tenham medo nem fiquem desanimados! Vão enfrentá-los amanhã, pois o Senhor está com vocês!' (2Cr 20.15-17).

Quando Josafá ouviu esta palavra, ele e todo o Judá se prostraram adorando ao Senhor. Os levitas prepararam um louvor e começaram a cantar e tocar muito alto, em ritmo de festa e celebração. Eles se levantaram bem cedo e saíram em direção ao deserto de Tecoa. Sim, porque quando encontramos o nosso lugar de vitória, nem mesmo os piores desertos podem nos ameaçar. Eu comecei a cantar novas canções para Deus antes mesmo de vencer o luto. E como eu desejava vencê-lo! Quantas ameaças de morte eu sofri! Quantas vezes pensei que não ia suportar tanta saudade. Até que encontrei o meu lugar de vitória em meio à dor.

Não é escondida entre quatro paredes que se vence uma batalha, mas partindo para a guerra. O rei Josafá, movido pela sua fé no Senhor, congrega o povo para dar-lhe uma palavra de encorajamento que serve para nós até os dias de hoje:

> ... Escutem-me, ó povo de Judá e de Jerusalém", disse ele. "Creiam no Senhor, o seu Deus, e vocês terão sucesso! Creiam nos profetas do Senhor, e tudo sairá bem!" Depois de consultar os chefes do povo, Josafá nomeou um

*coro para cantarem ao S*ENHOR *e o louvarem pelo esplendor da sua santidade, marchando à frente do exército. Eles cantavam assim: "Louvem o S*ENHOR, *pois o seu amor dura para sempre"* (2Cr 20.20b-21).

Os vitoriosos se movem no compasso do céu. O céu confirma a atitude de fé daqueles que confiam nos métodos do Senhor. No momento em que começaram a adorar ao Senhor "com júbilo", Deus colocou emboscadas contra os filhos de Amom, de Moabe e das montanhas de Seir. Os inimigos aparentemente invencíveis de Judá foram completamente desbaratados, derrotados, desordenados. Eles destruíram a si mesmos.

> *Assim, quando os homens de Judá chegaram a um local alto de onde se avista o deserto, até onde eles podiam ver, o chão estava coberto de corpos mortos; não escapou nem um só dos soldados inimigos* (2Cr 20.24).

Cada vez que uma batalha se trava contra nós, o inferno se enche de expectativa a respeito da nossa derrota. Cabe a nós assumirmos o nosso lugar de vitória antes mesmo que ela se torne visível. Fomos chamadas para frustrar todas as expectativas do diabo.

Quando o inimigo encontra uma mulher de fé, ele já desconfia da sua vitória e trata de bolar uma estratégia para minar suas forças. Se até o inferno acredita que somos inimigas em potencial, por que não acreditaríamos em nós mesmas? Uma mulher de fé que se enxerga como vitoriosa sobre o medo, sobre a dor, sobre a doença e sobre a morte não precisa de boas notícias para se ver como vitoriosa. Ela só precisa colocar os seus olhos em Deus e visualizar o reflexo da sua vitória. Assim como aconteceu na vida de Josafá, veremos todas as expectativas do inimigo jogadas ao chão. Nenhum estratagema de Satanás pode prevalecer diante de uma mulher de fé, que encontra o seu lugar de vitória no meio da batalha, antes que ela tenha sido vencida. Nossas batalhas podem até começar com lágrimas, com medo e com choro, mas o melhor de Deus já está a caminho. Ele já preparou um lugar de vitória para nós, ainda que a guerra não tenha acabado.

Então voltaram para Jerusalém, com Josafá à frente do povo, cheios de alegria porque o SENHOR os salvou dos inimigos, de maneira tão maravilhosa! Entraram marchando em Jerusalém, ao som de harpas, liras e trombetas, e se dirigiram ao templo. Quando os inimigos de Israel ouviram falar que o próprio SENHOR havia lutado contra os inimigos do seu povo, o temor de Deus caiu sobre eles. E o reino de Josafá continuou tranquilo, pois o seu Deus concedeu paz com todas as nações vizinhas (2Cr 20.27-29).

E houve paz... Haverá paz antes, durante e depois de cada batalha que se travar contra nós. Haverá paz apesar das guerras. As batalhas não vão cessar enquanto estivermos deste lado da eternidade, mas sempre haverá para nós esse lugar de vitória que nos garante paz, a paz que supera todo o entendimento, que não precisa de motivos para existir. Ela tem nome: Jesus.

Quanto à pastora Renata, ela está seguindo em frente, em seu lugar inegociável de vitória. Continua gerando pérolas no meio do luto, das lágrimas e da saudade. Sua igreja dobrou de tamanho. Seu casamento está mais firme que nunca. Ela segue em frente, ao lado do Pr. Delton, seu marido tão amado. Seu ministério tem sido uma inspiração, tanto em Bauru como nas demais cidades do Brasil. Ela decidiu colocar os seus olhos em Deus, e isso tem feito toda a diferença em sua trajetória.

Existe uma canção muito linda que me foi enviada por uma amiga no tempo mais difícil das minhas mais recentes batalhas. É de autoria da querida Heloísa Rosa e também foi interpretada por ela em um de seus álbuns. Está em minha *playlist* pessoal de oração. Gostaria de convidar você a refletir nessa letra enquanto descobre o seu próprio lugar na batalha da sua existência.

Há um lugar de descanso em ti
Há um lugar de refrigério em ti
Há um lugar onde a verdade reina
Esse lugar é no Senhor
Há um lugar onde as pessoas não me influenciam
Há um lugar onde eu ouço o teu Espírito
Há um lugar de vitória em meio à guerra, esse lugar é no Senhor.

Esse lugar é no Senhor
Esse lugar é no Senhor
Esse lugar é no Senhor
Esse lugar é no Senhor

Há um lugar onde a inconstância não me domina
Há um lugar onde minha fé é fortalecida
Há um lugar onde a paz é quem governa
Esse lugar é no Senhor
Há um lugar onde os sonhos não se abortam
Há um lugar onde o temor não me enrijece
Há um lugar que quando se perde é que se ganha
Esse lugar é no Senhor

Tu és tudo o que eu preciso, Jesus

HELOÍSA ROSA, *Há um lugar*[2]

Não pare, mulher de fé! Ocupe o seu lugar. Ele existe e é somente seu. Não abra mão da sua posição nessa batalha. Deus conta com você.

E, por falar em mulher de fé, trago mais um testemunho, desta vez da Jozyanne[3]:

Existem momentos na nossa vida nos quais Deus permite que passemos por situações surpreendentes. Há mais de cinco anos, quando recebi o diagnóstico de que tinha uma doença autoimune (lúpus), a minha vida virou de cabeça para baixo. Como qualquer ser humano normal, eu não estava preparada psicologicamente para administrar aquilo tudo: olhar no espelho e ver o reflexo de alguém que fisicamente não parecia ser eu, ser afastada do convívio de muitos amigos e da minha igreja por causa da minha imunidade baixa e os efeitos de medicamentos que mexiam com todo o meu físico e organismo.

---

[2]Do álbum de Heloisa Rosa, *Andando na luz*, editora Onerpm, 2006.
[3]Jozyanne é cantora, compositora e escritora.

Mas Deus estava no controle de tudo! No decorrer daquele tratamento intenso, o Senhor me fez enxergar coisas que, com a minha vida corrida, eu jamais enxergaria. Foi exatamente nesse tempo que Ele me mostrou que minhas expectativas seriam muitas vezes frustradas. Ainda em tratamento e acompanhada pela minha médica, depois de quatro meses fui liberada. Enquanto continuava com o uso dos medicamentos, eu decidi que, em vez de ficar em casa alimentando minha dor, porque não estava totalmente restaurada, iria voltar a fazer a obra de Deus.

Ao ministrar ao coração das pessoas, no meio do caminho encontrei dezenas de outras que me disseram que haviam perdido entes queridos com o mesmo quadro em que eu me encontrava, e foi a partir daí que percebi que o milagre era eu. A história parecia um "fim", mas seria apenas o começo de um novo tempo na minha vida. Deus me fez crescer e amadurecer no meu tempo de dor, e ainda pude levar esperança a outras pessoas, dizendo a cada uma delas: "Se você está vivo é porque Deus ainda tem algo a realizar através da sua vida. Não ponha um ponto final naquilo que Deus não finalizou. Siga em frente mesmo que, em vez de canções, só existam lágrimas. O Consolador, o Espírito Santo, traduzirá cada lágrima na oração que está dentro de você. Não desista! Amanhã pode ser o dia em que as pessoas contarão o que você representa na vida delas com a sua história de milagre. As lágrimas de hoje serão o motivo da sua alegria de amanhã."

Jozyanne, minha amiga, mulher de fé. *O milagre é a Jozy.*

Eu teria inúmeros outros depoimentos para compartilhar a fim de que vocês fossem encorajadas, edificadas e incentivadas a seguir em frente. Infelizmente, não há espaço neste livro para todos os que chegaram às minhas mãos. Então, fique com esses que retratam a história de superação de amigas como a Jozy, que convivem intimamente comigo, cuja vida tem me inspirado a seguir em frente, acima das minhas dificuldades e limitações pessoais.

Quando olho para a Jozy e lembro do estado em que a encontrei no dia em que fui visitá-la com a minha irmã Liz Lanne, irreconhecível, inchada, debilitada, sem imunidade alguma, totalmente sem perspectiva de vida, eu preciso acreditar que "Deus ainda opera milagres". Sabem o que eu faço quando encontro uma mulher de fé no caminho? Eu grudo nela. Eu quero ouvir seu testemunho e seus conselhos. Uma palavra de encorajamento que sai da boca de uma guerreira dessas vale ouro. Você tem noção do que se perde diante de um quadro de doença incurável? Perdem-se a perspectiva do futuro, a esperança, a coragem, a vontade de lutar, a disposição para continuar. A fé é colocada à prova, sem dúvida alguma. Porém, quando alguém escolhe encarar uma frustração, seja qual for, sob a perspectiva da fé nesse Deus que, na maioria dos casos, não age dentro do nosso manual de conduta, mas sabe bem o que está fazendo, o resultado, seja qual for, é "vitória".

> ... *porque todo o que é nascido de Deus vence o mundo; e esta é a vitória que vence o mundo: a nossa fé* (1Jo 5.4).

Parafraseando:

> Esta é a vitória que vence o luto: a nossa fé.
> Esta é a vitória que vence as decepções e frustrações da vida: a nossa fé.
> Esta é a vitória que vence a saudade: a nossa fé.
> Esta é a vitória que vence as tempestades: a nossa fé.
> Esta é a vitória que vence a enfermidade: a nossa fé.
> Esta é a vitória que vence a própria morte: a nossa fé.

Não estamos, em hipótese alguma, jogadas à nossa própria sorte. Quando perdemos o controle da situação, não significa que Deus perdeu junto com a gente. Quando estamos felizes, Deus não nos ama mais do que quando estamos tristes. O amor de Deus não varia de acordo com a nossa condição emocional, física, material ou mesmo espiritual. O que muda é a nossa consciência a respeito desse amor. Essa consciência é o que eu também chamo de fé, já que a fé é a certeza das coisas que se esperam e a convicção daquelas que ainda não podemos enxergar com olhos naturais. O amor de Deus em tempos de adversidade, o mesmo que nos sustenta de pé apesar do que não conseguimos entender, só se pode enxergar com os olhos da fé.

É preciso ter fé para se ver amada por Deus em meio a enfermidades como as de Jozyanne e Bianca Toledo; em meio ao luto pela filha de 17 anos, como sofreu a Renata Matheus, ou diante de um quadro de abortos sucessivos e espontâneos, como aconteceu a Fernanda Brum.

É preciso ter fé para seguir em frente depois de ter sido física e emocionalmente abusada, abandonada pelo pai, ter tido que lidar com a doença mental da mãe, perder um filho já formado em seu ventre, ter sido diagnosticada com esterilidade, abrindo mão, mesmo que temporariamente, do sonho de gerar, perder um irmão assassinado e mesmo assim não parar. Andreia Lima não parou de acreditar e, por acreditar, ela decidiu se cuidar. Por causa de sua fé em Deus e em si mesma, Andreia viveu o milagre de ser mãe. Depois de adotar um bebê, ela engravidou naturalmente duas vezes. Além de se cuidar, foi cuidar de outros, ressuscitar os mortos-vivos que estavam rendidos e entregues às suas próprias dores. A fé é uma decisão, e Andreia, assim com as outras que citei, decidiu crer contra a própria esperança.

É preciso ter fé para despedir-se de uma jovem mamãe que só viveu 47 anos, e ainda assim cantar no seu funeral e inspirar a família e os amigos a pensarem na vida e no legado que aquela mulher deixou, em vez de focarem apenas na saudade que ficou, ressignificando toda a dor.

Mas vale a pena ter fé. Até mesmo a ciência admite isso. A Dra. Rosana Alves, a mesma que um dia superou o luto pela perda precoce de sua mãe, hoje é uma das neurocientistas mais conceituadas e preparadas que conheço, reconhecida inclusive nos Estados Unidos por suas habilidades extraordinárias, através das quais ela recebeu o seu visto de permanência naquela nação. Ela nos presenteou neste manuscrito com uma significativa e poderosa contribuição a todas as amadas e preciosas mulheres que desejam a cura apesar de seus traumas, mas ainda não fizeram uso de um método eficaz. Sigamos juntas, rumo ao momento final desse caminho que percorremos até aqui, e descubramos o que a ciência afirma sobre a cura de nossas emoções através da fé. Você vai se impressionar ao averiguar que esse método tão maravilhoso está ao alcance de suas mãos. Faça-me companhia só mais um pouquinho e você vai comprovar isso com seus olhos naturais e também com os olhos do seu coração.

CAPÍTULO DEZESSEIS

O milagre é você

Trago mais um testemunho, desta vez de Silvana Peres[1].

Cheguei à casa da Eyshila numa manhã de junho de 2017. Fazia menos de um mês que seu filho Matheus havia partido daqui para a eternidade, para estar junto de nosso Pai. Logo fomos para o seu lugar de refúgio: seu *closet*! Para mim, foi uma cena inesquecível presenciar aquela mãe com a cabeça recostada na parede, com olhar parado e lágrimas escorrendo pelo canto de seus olhos; uma dor visível, e eu só podia chorar junto. Minhas lágrimas escorriam em silêncio ao sentir a dor da perda daquela mãe. Naquele momento éramos uma só pessoa com a mesma respiração. Ficamos ali juntas por algumas horas diante de palavras doídas, perguntas e mais perguntas como "quando esta dor vai passar?", "esta dor um dia passa?", "demora muito?"

Minha resposta foi: "Eyshila, um dia sua dor vai passar, devido à sua fé e porque você deseja ser curada."

Eu estava diante de uma família de origem constituída. Havia o casamento com seu marido Odilon e, junto com ele, seu filho Lucas.

---

[1]Silvana Peres é psicoterapeuta, professora, escritora e pastora na igreja Sara Nossa Terra.

NADA PODE CALAR UMA MULHER DE FÉ

Além disso, uma mulher com um ministério que atraía multidões ao encontro de Jesus; uma mulher que no fundo sabia que Deus transformaria seu pranto em colheita.

A fé daquela mãe era inabalável, porém ela reconhecia e aceitava que precisava elaborar as etapas do luto: chorar, fazer rituais[2], reconhecer os sonhos perdidos, contar histórias, prantear a saudade, lamentar, fazer despedidas, ser compreendida e acolhida. Os rituais do luto podem operar em níveis múltiplos, facilitando a expressão do sentimento individual e possibilitando, aos que ficam, recordar e honrar aqueles que partiram, lidando com as perdas ao longo do tempo. As pessoas se reúnem para chorar a morte de forma limitada no tempo, proporcionando apoio mútuo e permitindo a expressão inicial da dor. Isso requer refeições juntos e visitas a fim de impedir um isolamento disfuncional imediatamente após a perda.

Em 1980, eu cursava psicologia em Goiânia perto de iniciar um estágio. Pretendia me casar por meados do mês de julho. Bosco e eu éramos muito apaixonados, estávamos vivendo aquele momento que os amantes dizem "eu não vivo sem você" e, até mesmo, "você é o ar que eu respiro"; mais parecia que éramos uma só pessoa em corpo, alma e espírito (hoje eu sei que éramos codependentes em altíssimo grau). Em fevereiro daquele ano, meu noivo foi assassinado com cinco tiros na porta da minha casa, bem ao meu lado, devido a uma briga com alguém que se dizia seu amigo. Fiquei angustiada e deprimida por anos. Vivi a dor da injustiça, da perda e da saudade. Todos os dias havia aquela pergunta que soava dentro de mim: "Por quê?"

Não tenho como descrever a saudade e a desesperança; sentia literalmente uma dor profunda em meu coração. Eu, com 1,73 m de altura, cheguei aos 53 kg apenas. A saudade me matava diariamente. Em meu peito sentia aquela dor da angústia de forma

---

[2] Na psicologia, existem os chamados "rituais familiares", que consistem em hábitos estruturados no seio da família que podem dar voz àquilo que não conseguimos comunicar por meio de palavras. São, por exemplo, rotinas (como as refeições à mesa) ou a celebração de datas importantes (como o Natal).

208

desesperadora. No início, ia ao túmulo dele quase todos dias. Procurei pelo Bosco em cartomantes, centros espíritas e por fim com o Chico Xavier. Minha vida afetiva se tornou um verdadeiro caos, nada se concretizava e, com isso, quase me casei por mais três vezes. Meus pais, professores, amigos e parentes já não sabiam como me ajudar. Mas havia algo que nunca perdi: minha fé em Deus! Hoje sei que busquei da forma errada, mas busquei a Deus incessantemente, desesperadamente. Eu queria viver e queria amar de novo.

Deus ouviu meu clamor ao tocar minhas colegas e amigas, que me levaram para um grupo terapêutico do qual participei por cinco anos. Ali, tive a oportunidade de fazer um psicodrama da morte do Bosco, acompanhado de um ritual de despedida, e depois fui conduzida para uma projeção futura; ali, encontrei uma luz, e essa luz era Jesus. Logo em seguida meu irmão Silverio Peres se converteu e começou o processo de conversão em toda a minha família nuclear. Primeiro minha irmã caçula, depois minha mãe e em seguida eu e minha irmã do meio. Mais tarde, um a um fomos consagrados, os quatro irmãos e nossos cônjuges, a pastores na Sara Nossa Terra.

Hoje estou bem casada, tenho uma filha e exerço minha profissão atendendo indivíduos, famílias e casais; sou psicóloga, terapeuta familiar, professora de especialização, além de ministrar *workshops* e seminários. Atuo em meu ministério com alegria por servir a Deus, minha família e ao próximo. Continuo a estudar na certeza de que o conhecimento nos torna, cada vez mais, pessoas melhores.

Em meados de 2007, reencontrei a pastora Fernanda Brum e com isso me tornei bem próxima da Eyshila e de sua irmã Liz Lanne. Alguns anos após comecei a atender o Lucas, filho caçula da Eyshila, e convidei sua família nuclear para participar de algumas sessões, tendo assim o privilégio de conhecer o Matheus, seu filho mais velho; pude acompanhá-los por um tempo e, assim, nossa aliança se tornou inviolável. Em dado momento, Matheus foi hospitalizado. Fui algumas vezes visitar a família no hospital, até que, numa tarde, chegando de uma aula, fui incomodada por Deus a ir imediatamente ao hospital. Chegando lá, encontrei primeiro o

Pr. Odilon, pai do Matheus, que me deu a notícia: "Silvana, meu filho foi estar com meu Pai". Uma pausa... momento difícil, este!

Entrei naquele quarto e me deparei com um Matheus já nos braços do Pai do Céu. Mas, e aqui na Terra? E as pessoas que tanto o amavam? Como viver sem ele aqui? Naquele momento entendi ter sido levada por Deus àquele lugar para mais uma vez poder contribuir com a família valendo-me da minha experiência de luto, tanto pessoal como no tempo de buscas certas e erradas. Também pude fazer a minha própria despedida. E como foi doído para mim perder o Matheus! Tive que elaborar meu luto como profissional, mas também como pessoa, pois amava aquele jovem. Nossas experiências positivas e negativas são usadas por Deus com um propósito: edificação de vidas. E assim podemos reconstruir muros derrubados, chorar com os que choram, sabendo que Ele transformou o nosso pranto em alegria para consolarmos corações, como está escrito no livro do profeta Isaías:

O Espírito do Senhor Deus está sobre mim, porque o Senhor me ungiu para pregar boas-novas aos quebrantados, enviou-me a curar os quebrantados de coração, a proclamar libertação aos cativos e a pôr em liberdade os algemados (Is 61.1).

Naquele quarto, começamos um ritual de entrega e despedidas. Precisamos nos despedir dos nossos entes queridos e não eleger substitutos. Também não temos o direito de manter vivo quem Deus quis que partisse. Precisamos assumir a saudade dos nossos entes queridos que partiram para a eternidade, a fim de nos libertarmos do passado, para liberarmos o presente e termos um futuro verdadeiramente livre para novas conquistas. Assim, todas as culturas possuem rituais para assinalar perdas profundas, saber lidar com a tristeza das famílias, facilitando a continuação da vida depois de uma perda como essa.

A morte de um filho jovem é uma tragédia para toda família e pode produzir um sofrimento duradouro e perturbador. A família pode experimentar a sensação de que foi cometida uma injustiça com a vida que se cessou antes de atingir sua plenitude. Matheus estava cheio de potencial, prestes a vivenciar os compromissos e as realizações da vida, impedidos agora pela morte. A dor e a culpa pela sobrevivência podiam impedir os pais e o irmão de continuarem seus projetos pessoais. O sofrimento dos pais poderia persistir por anos a fio e o irmão ficar bloqueado em seu próprio potencial para tentar substituir o filho perdido.

Por noites conversamos e choramos madrugadas adentro. Cartas foram escritas, o passo a passo do luto foi sendo vivenciado, aumentando a possibilidade de realinhar relacionamentos e redistribuir as funções e papéis de forma a compensar a perda que modifica a estrutura familiar e geralmente requer a organização ao longo do tempo, com a abordagem da morte em suas consequências. Dessa forma, as famílias precisam estar em equilíbrio ou em harmonia com seu passado, não em uma luta para recapturá-lo, escapar dele ou esquecê-lo.

Nesse sentido, a psicoterapia nada mais é do que um auxílio às famílias para que recuperem seu senso de continuidade e movimento, desde o passado em direção ao futuro, fazendo intervenções clínicas e fortalecendo as famílias para viverem o seu luto e seguirem em frente. Com toda a nossa convivência e experiência, hoje Eyshila é uma grande amiga. Possuímos um vínculo, uma aliança, e vínculos nunca acabam. As circunstâncias podem nos deixar distantes fisicamente por algum momento em nossos relacionamentos, mas nosso vínculo é maior do que qualquer circunstância, por ser eterno.

Finalizo dizendo que Deus separou a Eyshila para abençoar pessoas, edificar vidas e contribuir para a superação da dor.

Com carinho, Silvana Peres d'Almeida. *O milagre é a Silvana.*

O milagre é você. Escutei essa frase de Deus no pior momento da minha vida, dentro do hospital, em uma Unidade de Tratamento Intensivo, ao lado do meu filho primogênito, meu filho tão amado, o filho do meu ventre e do meu amor. Foram quase duas semanas clamando, orando, jejuando em unidade com a igreja do Deus vivo espalhada pela terra, mas a resposta das nossas orações pareceu não combinar com o desejo dos nossos corações. A princípio os médicos nos informaram que havia um quadro de morte encefálica, que é o estado clínico definido pela perda completa e irreversível das funções encefálicas, consequência da parada total da atividade funcional do cérebro e do tronco encefálico. Do ponto de vista legal, essa definição de morte já basta, embora para os entes queridos seja imensamente difícil acreditar que uma pessoa que ainda respira e tem seus batimentos cardíacos normais, mesmo que seja com o auxílio de máquinas, esteja de fato morta. Na morte encefálica o cérebro já não tem mais nenhuma atividade. Normalmente as mortes cerebrais evoluem de estados de coma profundo, assim como aconteceu como o nosso filho.

Ao recebermos tal notícia, agimos de acordo com a nossa fé: oramos por ressurreição. Oramos e acreditamos que Deus glorificaria o Seu nome na vida do Matheus através daquele milagre. A minha certeza era tanta que eu mantinha guardado um suplemento alimentar que o Matheus amava, para oferecer quando ele acordasse. Os enfermeiros daquele hospital continuaram fazendo a sua higiene todos os dias, e eu aproveitava esse momento para beijar e abraçar o meu filho, ungir seu corpo e orar por ele. Chorei cada lágrima que uma mãe tem o direito de chorar pelo seu filho. Antes de o Matheus ser operado e entrar em coma, a última canção que cantei para ele foi "Espírito Santo, ore por mim..." Eu cantava, beijava seus cabelos e seu rosto. Minhas últimas palavras para ele foram: "Filho, mamãe te ama muito. Você me ama?" Ele respondeu: "Amo." Então eu perguntei: "Filho, você ama a Jesus?" Ele também respondeu que sim, já muito fraco e debilitado pela hemorragia no cérebro. Uma lágrima escorreu pelo canto dos seus olhos, e ele foi conduzido à sala de cirurgia.

Dali em diante foram dias de muitas lágrimas, muito clamor, muita angústia, muita expectativa, muita oração, muitos amigos, muita fé e muito consolo. Somente depois de algum tempo pude perceber que Deus havia preparado, naquele hospital, um ambiente de despedida e, ao mesmo tempo, cura e amparo para nós que ficaríamos. Deus já havia decidido tomar o nosso filho de volta para Si e, em sua infinita miseri-córdia, nos cercou de amor por todos os lados, a fim de que suportásse-mos a dor daquela devastadora despedida. Na noite anterior ao dia 14 de junho, havíamos feito a nossa oração de entrega. Eu e o meu marido decidimos não dormir no hospital pela primeira vez, desde que ele havia sido internado. Mesmo assim eu avisei aos enfermeiros e médicos: "Se o meu filho acordar pedindo comida, por favor, me liguem imediata-mente! Estarei com o celular do lado do travesseiro."

Fomos pra casa, nos alimentamos, oramos e cochilamos até o ama-nhecer. Nosso papel sempre foi acreditar no milagre. Não fomos cha-mados para nos conformar com as tragédias ou derrotas da vida. Não fomos criados para morrer ou para nos despedir dos que morrem. Somos seres eternos e a morte é a nossa inimiga. A minha mãe tinha sonhado com o meu filho se soltando de todos os aparelhos que o monitoravam, levantando-se da cama do hospital e pedindo comida. Ela acordou, dor-miu de novo e sonhou o mesmo sonho. No dia seguinte ela decidiu que queria ir ao hospital porque tinha certeza de que o meu filho se levanta-ria daquele leito, pediria comida e voltaria ao nosso convívio, curado e feliz. Logo compreendemos que o sonho da minha mãe não era sobre a vida do Matheus aqui, mas sobre a vida eterna, livre da meningite, livre das convulsões e livre daqueles fios dos aparelhos hospitalares. Meu filho finalmente ficou livre, levantou-se daquele leito, não para nós, mas para Deus.

Isto afirmo, irmãos, que a carne e o sangue não podem herdar o reino de Deus, nem a corrupção herdar a incorrupção. Eis que vos digo um mistério: nem todos dormiremos, mas transformados seremos todos, num momento, num abrir e fechar de olhos, ao ressoar da última trombeta. A trombeta soará, os mortos ressuscitarão incorruptíveis, e nós seremos transformados. Porque é necessário que este corpo corruptível se revista da incorruptibilidade, e que o corpo mortal se revista da imortalidade. E, quando este corpo cor-ruptível se revestir de incorruptibilidade, e o que é mortal se revestir de imor-talidade, então, se cumprirá a palavra que está escrita: Tragada foi a morte pela vitória. Onde está, ó morte, a tua vitória? Onde está, ó morte, o teu aguilhão? O aguilhão da morte é o pecado, e a força do pecado é a lei. Graças a Deus, que nos dá a vitória por intermédio de nosso Senhor Jesus Cristo. Portanto, meus amados irmãos, sede firmes, inabaláveis e sempre abundantes na obra do Senhor, sabendo que, no Senhor, o vosso trabalho não é vão (1Co 15.50-58).

Matheus se revestiu de incorruptibilidade. Ele viveu a sua vida, enfrentou a morte e aguarda a ressurreição. É nisso que cremos de todo o nosso coração.

Porém, enquanto a ressurreição não chega, o que fazer com essa saudade que dilacera a alma? Saber que um dia vamos nos reencontrar com nossos entes queridos não diminui essa dor. Ah, a saudade! Descobri, inclusive, que ela não passa. O que passa é a nossa fragilidade diante dela. Nós nos tornamos resistentes, persistentes e resilientes, quando a submetemos a Deus. Nesse período ouvimos muitos "palpites", até mesmo de amigos bem-intencionados. Em momentos tão insuportáveis como o luto, o que menos precisamos é de um palpite. Explicações do tipo "Foi melhor assim" ou "Deus poupou você de um sofrimento maior" nunca são adequadas. Enquanto os amigos de Jó ficaram diante dele em silêncio, respeitando a sua dor e as suas perdas, eles foram muito mais úteis do que quando resolveram abrir a boca e expressar opiniões que não condiziam com a realidade. O pior de tudo é quando essas "opiniões" vêm empacotadas em "profecias", que na verdade não servem para edificar, nem consolar e muito menos exortar, mas ferem, machucam e confundem ainda mais aqueles que já estão debaixo de um sofrimento insuportável.

Sentaram-se com ele na terra, sete dias e sete noites; e nenhum lhe dizia palavra alguma, pois viam que a dor era muito grande (Jó 2.13).

Muitas vezes, tudo o que se espera de um amigo na hora da dor é que ele simplesmente esteja presente. Abraços são muito mais bem-vindos que palavras. Um copo d'água é muito mais útil do que uma explicação, principalmente diante de um mistério tão inexplicável como a partida de um jovem na mais linda etapa de sua vida. Nesse momento, quem se dispõe a ajudar precisa ser muito mais "ouvido" do que "boca". Precisa estar disposto a estar presente sem ser visto, porque a saudade é o único hóspede, mesmo que indesejado, que ocupa todos os espaços da casa. Por algum tempo ela foi o centro absoluto de todas as nossas atenções. Para onde quer que olhássemos havia lembranças e lágrimas, muitas lágrimas.

> *Vem reconstruir os meus pedaços*
> *Tu és o oleiro e eu sou o vaso*
> *Quem sou eu pra questionar*
> *Se tu queres me quebrar?*
> *Se retiras o meu ar, eu nem posso respirar*
> *Então eu oro, eu choro aos teus pés*
> *Então me prostro e te adoro porque eu sei que és*

> *Meu Salvador, meu SENHOR*
> *Criador, tua presença é a licença*
> *Que eu tenho pra vida*
> *Consolador, Redentor*
> *Ninguém pode impedir teus planos*
> *Autor da minha fé*
> *Dono do fôlego que me mantém*
> *De pé*

> *Sopra, Espírito de vida, vem e sopra*
> *Sobre a minha casa, vem e sopra*
> *Sobre as famílias, vem e sopra*
> *Sobre a igreja, vem e sopra*
> *Sobre os que não querem mais viver*
> *Sopra sobre os que acabam de nascer*
> *Sopra sobre os enlutados e feridos*
> *Sobre os enfermos e oprimidos*
> *Vem e sopra, sopra, sopra...*

EYSHILA, *Licença pra vida*

NADA PODE CALAR UMA MULHER DE FÉ

Escrevi essa canção dois dias após o enterro do meu filho, ainda hospedada com a minha família na casa dos amigos José, Marli e Sarah Nader, sem coragem de entrar na nossa própria casa e encarar de frente o vazio deixado pela partida do Matheus. Louvamos a Deus por essa família que sempre nos abraçou nos momentos de maior dificuldade em nossa vida. Lembro que foi ali que recebi o telefonema da minha amada amiga, Bispa Sônia Hernandes, que me aconselhou a não permitir que a morte levasse mais nada além daquilo que Deus havia autorizado. A morte não deveria levar meu casamento, meu filho Lucas, minha saúde, meus sonhos, minha alegria e muito menos minha fé. Aquela palavra foi o meu combustível durante os dias seguintes, aqueles tão terríveis e inevitáveis dias que eu, meu marido, meu filho, meus pais e irmãos infelizmente viveríamos. Dias de encarar e aceitar o fato de que haveria um futuro sem o Matheus, pelo menos deste lado da eternidade.

Antes de voltarmos para casa, onde teríamos que encarar a ausência do Matheus, decidir o que fazer com seus pertences e assumir a nossa rotina de vida mesmo diante de tamanha dor, o Senhor me fez lembrar da palavra de consolo que Ele soprou no meu ouvido dentro do hospital, após eu ter orado pela ressurreição do meu filho, sabendo do seu quadro de morte encefálica. Diante da possibilidade da partida, lembro-me claramente do que eu disse para Deus, ainda olhando para o Matheus: "Deus, ressuscita o meu filho. Se ele morrer, eu não vou suportar. Nesse caso o senhor vai ter que me ressuscitar. Nunca mais vou conseguir sorrir, cantar, compor, nem mesmo respirar. Acho melhor o Senhor me levar, porque a vida de uma mãe que enterra o seu filho não tem sentido. Jamais vou me recuperar..."

Essas foram algumas das palavras que usei para descrever a Deus a gravidade da minha dor. É muito importante entendermos que, quando somos sinceras com Deus a respeito da nossa dor, nós não estamos fazendo-lhe o favor de explicar o quanto o nosso problema é grave, mas estamos concedendo a nós mesmos a chance de nos expressarmos e, portanto, escutarmos o que se passa em nosso interior, a fim de que sejamos curados. Não foi Freud quem inventou a cura através da terapia da palavra, foi Deus.

Diante daquele quadro de dor, imersa em minhas lágrimas e completamente sem perspectiva de um futuro feliz sem o meu filho, ouvi a voz de Deus me dizer: "Filha, dessa vez, o milagre é você!"

Eu insisti em meu argumento, dizendo: "Deus, não faz diferença alguma, para Ti, ressuscitar um filho ou uma mãe. Eu vou morrer! Por favor, ressuscita o meu filho para mim."

Mais uma vez senti fortemente em meu coração a confirmação daquilo que eu já sabia, mas não queria admitir: dessa vez, *eu* seria o milagre, não o Matheus.

Às vezes, o milagre é quem Deus cura, quem Deus ressuscita
Porém, algumas vezes, o milagre é quem fica

Trancada no quarto, lembrando desse momento tão forte em que Deus havia lançado sobre mim muito mais do que uma frase de efeito, mas uma palavra profética que me sustentaria em todo o meu processo de superação, escrevi a minha segunda canção. Ela daria título ao meu próximo álbum. Eu nem imaginava quantas vidas seriam tocadas pelo poder daquela palavra.

A dor não mata
Se Deus está presente
Só quem caminha com Ele
Entende o valor
De uma lágrima
Derramada no altar da dor
Enxugada pelas mãos do consolador

Se Ele quiser
Ele ressuscita mortos
Ele faz o impossível
Tudo porque Ele é Deus
Mas se Ele não quer
Que aconteça do meu jeito
Eu declaro que eu aceito
E agora o milagre sou eu

Eu não vou parar
Vou continuar
Te adorando, Deus
O milagre sou eu, sou eu...

Eyshila, *O milagre sou eu*

A despeito de toda a minha dor, Deus estava presente, trazendo inspiração, ressignificando a tragédia, curando a minha ferida com novas canções, como Ele sempre havia feito. Eu não podia guardar somente para mim aquele momento tão precioso, então chamei o meu marido, meu filho Lucas e meus amigos, cantei para eles aquelas canções, oramos, adoramos a Deus juntos e percebemos que havia chegado o momento de voltarmos para casa.

"*A triste realidade é que muitos não avançam até que seja insuportável a dor de permanecerem onde estão*" (Peter Scazzero).

Levantamos acampamento e fomos para o nosso apartamento, o mesmo que havia sido recentemente mobiliado de acordo com nossas necessidades pessoais. Por incrível que pareça, o único quarto que ainda faltava mobiliar era justamente o do Matheus. Coincidência? De modo algum. Mais um sinal de que o tempo do nosso filho aqui havia terminado, e aquele apartamento não seria mais a sua casa. Ao chegarmos lá, o Lucas, nosso caçula, colocou a *playlist* de louvores que o Matheus amava escutar, e lentamente começamos a dobrar suas roupas, separar as que queríamos doar daquelas que ainda queríamos guardar por um tempo. Lucas ficou com algumas e as usou por um tempo. Eu fiz o mesmo com algumas peças que ainda tinham o seu cheiro. Separamos uma peça para cada primo, cada amiguinho, tios e avós. Pedimos que eles as usassem até que se gastassem, até que eles se desfizessem delas definitivamente.

Tenho me deparado com mães que mantêm intactos os quartos de seus filhos que se foram há anos. Compreendemos que adiar cada etapa desse ritual de despedidas só prolongaria o nosso sofrimento.

Então decidimos que não seguiríamos nessa direção. Dores precisam ser encaradas, senão elas perseguirão você aonde quer que você vá. Nessa batalha contra as nossas dores, algumas vezes é inevitável que elas nos alcancem no caminho. Quando isso acontecer, encare! Jamais corra atrás do sofrimento, mas, se porventura ele alcançar você no processo, encare-o de frente, orando, chorando e clamando ao Deus que tem o poder de torná-la superior a toda e qualquer dificuldade que Ele lhe permitir atravessar na trajetória da sua vida.

Oramos, choramos, mas cumprimos mais esta etapa tão difícil do luto. No final da tarde o meu filho Lucas escreveu uma canção que descrevia exatamente o nosso sentimento naquele momento insuportável.

Saudade
A saudade que deixou as lembranças
De momentos com você
Saudade, a saudade
Que marcou em mim sua ida pra eternidade

Mas ainda vou ver o seu rosto outra vez
Juntos iremos ter a alegria de viver em união
Eu ainda vou ver o seu rosto outra vez
Juntos iremos ter a alegria de viver

Viver num lugar que é difícil explicar
Não vai haver dor e nem por que chorar
Memórias ruins todas vão se apagar
Com nosso Deus vamos juntos morar
Em breve quando a trombeta tocar
Em glória, Jesus Cristo descerá
Todos os seus mortos vão ressuscitar
A promessa vai se cumprir e a igreja vai subir

E a saudade que eu tanto senti
Nunca mais ela vai existir

LUCAS SANTOS, *Saudade*

Fomos consolados naquele dia através desta canção do nosso filho. Vencemos mais um momento que, só de pensarmos, nos provocava arrepios diante da dimensão da dor envolvida.

Outras despedidas foram necessárias no decorrer dos dias que vieram. Tive que me despedir, por exemplo, dos áudios no WhatsApp, com a voz do meu filho me pedindo as coisas no hospital. Meu marido orou e me desligou daquela prática que só me trazia mais sofrimento. Enfrentar aquele momento sem a presença de Deus estava completamente fora de cogitação. Comecei, então, a minha batalha por sobrevivência através de uma busca intensa por palavras de consolo. Eu queria estar perto de gente que havia superado alguma dor e havia vencido. Queria ouvir suas histórias de superação. Eu marcava no relógio o tempo de oração que eu desejava passar trancada em meu quarto e pedia que ninguém me importunasse. Eu tinha o meu quarto de guerra, e era no meu *closet*, como a Dra. Silvana já revelou. Havia manhãs nas quais eu escutava ininterruptamente de três a quatro mensagens consecutivas, já que a fé vem pelo ouvir, e ouvir, mais especificamente, a Palavra de Deus. Eu me submeti a sessões de terapia, como a própria Dra. Silvana já revelou no início deste capítulo. Ela teve um papel relevante nesse processo. Como eu louvo a Deus por sua vida!

Outra ferramenta poderosa que Deus usou para nos curar foram os nossos amigos. Decidimos não nos isolar. Deus convocou um exército de amigos para nos ajudar a superar aquele momento. Também decidimos continuar frequentando a igreja, congregando com os irmãos, fazendo uso da maior de todas as armas que tínhamos à nossa disposição: a nossa fé.

Assim é que a fé vem pelo ouvir o evangelho a respeito de Cristo (Rm 10.17).

Eu tinha duas opções: me apegar à dor ou me apegar à Deus através da minha fé. Em momentos assim, quando tudo perde o sentido e parece que a vida jamais vai recuperar a sua cor original, somente a fé pode nos manter.

Eis o soberbo! Sua alma não é reta nele; mas o justo viverá pela sua fé (Hc 2.4).

Gosto muito da Nova Versão Bíblica da Editora Hagnos que diz:

Anote isso: Os homens perversos confiam em si mesmos, seus desejos não são bons e acabam fracassando. O justo, porém, confia em mim e viverá!

Enquanto eu pensava que seria uma morta-viva, vivendo pela metade, não mais que sobrevivendo sobre a face da Terra, quis morrer. Porém, quando descobri que o milagre era eu, desejei viver. Através dessa revelação, Deus me apresentou uma nova proposta de vida, e eu aceitei. Porém, eu sabia que essa vida plena somente seria possível debaixo da total dependência de Deus. "O justo viverá pela fé" foi a resposta de Deus ao profeta Habacuque após escutar o seu desabafo e a sua oração de descontentamento. Habacuque, cujo nome significa "abraço", foi abraçado pela verdade de que as nossas orações nem sempre obtêm as respostas mais desejadas, mas sempre serão ouvidas por esse Deus que não perde um milímetro do controle de nossa vida, mesmo que Ele nem sempre aja de acordo com as nossas expectativas.

Ó SENHOR, quanto tempo ainda vou ter de pedir ajuda antes que o SENHOR me ouça? Eu grito ao SENHOR, mas é em vão. Não recebo resposta. "Socorro! Violência!" é o meu grito, mas ninguém aparece para socorrer! (Hc 1.2)

Judá estava cercada, o povo de Deus sitiado e Deus parecia não se importar. Diferentemente dos demais profetas, Habacuque não se levanta para profetizar a um rei ou uma nação, mas ousa registrar o seu diálogo de indignação com o próprio Deus. Deus não se ofende com o seu desabafo, porém Sua resposta não foi exatamente aquela que Habacuque esperava. Em vez de consolar e encorajar, Deus abriu a boca para revelar ao profeta que a situação iria piorar. Ele usaria um povo inimigo para trazer juízo sobre o Seu povo.

Em momentos de desespero, medo, dor, tristeza ou angústia, o que menos desejamos ouvir da boca do próprio Deus é que tudo vai piorar.

NADA PODE CALAR UMA MULHER DE FÉ

Porém, o mesmo Deus que tem compromisso com a realidade da vida e que não nos protege da verdade também nos ajuda a encará-la, por mais difícil que seja. Na nossa trajetória, eventualmente, vamos nos deparar com situações adversas e indesejadas. Isto acontece de forma recorrente na nossa vida ou na vida das pessoas que nos cercam. Lidar com uma resposta da parte de Deus que não condiga com a nossa expectativa é um risco que corremos em diversas situações, o que pode gerar em nós muitas crises. A maneira como vamos vencer cada uma dessas crises fará toda a diferença na nossa geração e nas futuras. Quando soube que não havia como evitar que Judá encarasse aquele momento, Habacuque tomou uma atitude de gente que tem fé e sabe quem é Deus.

> *Pôr-me-ei na minha torre de vigia, colocar-me-ei sobre a fortaleza e vigiarei para ver o que Deus me dirá e que resposta eu terei à minha queixa* (Hb 2.1).

Habacuque abraçou a realidade dos fatos imposta por Deus, em decorrência do pecado da nação. Deus havia tomado a sua decisão, mas Ele também apresentou a Habacuque e ao seu povo uma válvula de salvação: a fé.

A fé sempre estará à nossa disposição para ser usada como o último recurso diante das mais duras provas da vida. Não há limites na vida de quem tem fé. Ela nos dá poder para tornar relevante a pior das perdas. Ela nos faz ressignificar as piores angústias da alma. Ela nos impulsiona a confiar na decisão de Deus, seja ela qual for, acreditando que Ele não comete erros ou equívocos. A fé em Deus nos faz avançar contra a nossa própria desilusão. Quem tem fé não desconfia de Deus, mas acredita que, do meio dos escombros, Ele fará surgir nova vida, novos sonhos, novos sorrisos e novos amigos. A vida segue o seu curso apesar daquilo que não aconteceu do nosso jeito. Pela fé entendemos que a vida que vivemos vai muito além de nós mesmos, pois carrega em si um propósito eterno que envolve a nossa geração e as futuras.

O MILAGRE É VOCÊ

Após receber de Deus aquela direção tão preciosa, Habacuque ora:

Tenho ouvido, ó SENHOR, as tuas declarações, e me sinto alarmado; aviva a tua obra, ó SENHOR, no decorrer dos anos, e, no decurso dos anos, faze-a conhecida; na tua ira, lembra-te da misericórdia (Hc 3.2).

Habacuque abraçou a sua realidade e compreendeu a gravidade do problema. Ao mesmo tempo, sabia que não ficaria jogado à própria sorte. O Deus que lhe abriu os olhos para a realidade dos fatos também se encarregaria de lhe dar forças para suportar cada momento daquele processo, por mais doloroso que fosse.

Então Habacuque escreve uma linda canção. Vou compartilhar um trecho dela com você:

Ouvi-o, e o meu íntimo se comoveu, à sua voz, tremeram os meus lábios; entrou a podridão nos meus ossos, e os joelhos me vacilaram, pois, em silêncio, devo esperar o dia da angústia, que virá contra o povo que nos acomete. Ainda que a figueira não floresça, nem haja fruto na vide; o produto da oliveira minta, e os campos não produzam mantimento; as ovelhas sejam arrebatadas do aprisco, e nos currais não haja gado, todavia, eu me alegro no SENHOR, exulto no Deus da minha salvação. O SENHOR Deus é a minha fortaleza, e faz os meus pés como os da corça, e me faz andar altaneiramente (Hc 3.2-19).

Desde os tempos que antecederam Habacuque, canções têm sido produzidas em momentos de dor. Situações que vieram para matar, Deus usou para inspirar Seus filhos, Seus poetas e Seus profetas. O que você tem produzido para Deus nos seus momentos de crise? Questionamentos, perguntas e dúvidas? Tudo isso é perfeitamente normal, mas apenas por um tempo. Quem fica eternamente preso ao tempo dos questionamentos jamais terá autoridade para se mover ao próximo capítulo da sua própria vida. A nossa vida é como um livro, que pode vir com poucas ou muitas páginas. Porém, seja essa vida um livreto que se pode ler em poucas horas ou uma enciclopédia que se lê de forma lenta e paulatina, sua leitura deve ser fácil e agradável. O que torna a nossa vida agradável não é a quantidade de "sim" que escutamos de Deus, mas a nossa capacidade de guardar a fé, mesmo diante da grande quantidade de "não".

223

NADA PODE CALAR UMA MULHER DE FÉ

Essa atitude faz de nós pessoas mais felizes, mais saudáveis emocional, física e espiritualmente, e nos prepara para conquistas maiores no futuro. Ficar se lastimando e se culpando pelo que passou só vai nos aprisionar à dor que tanto desejamos vencer. Existem mulheres que são muito mais fiéis a sua dor do que ao próprio Deus. Isso é um desperdício de vida.

Gostaria de aproveitar esse momento e apresentar a vocês alguns dados de uma pesquisa que nos foi cedida pela querida e preciosa Dra. Rosana Alves, a fim de que você saia definitivamente do seu lugar de incredulidade e avance conosco por esse caminho de fé que até mesmo a ciência reconhece ser o mais eficaz nos nossos processos contra dores emocionais causadas por diversos fatores na vida.

A CIÊNCIA COMPROVA A EFICÁCIA DA FÉ

Contribuição da Dra. Rosana Alves[3]

Relatar conquistas e sucessos é fácil e prazeroso, mas falar sobre dor e perda exige coragem e resiliência. Por isso, sinto-me feliz com o conteúdo deste livro, pois trata da vida real, com os seus problemas e os seus cruéis desafios.

Perguntas como: "o que fiz para merecer isso?", "onde está Deus?", "o que será de mim agora?" são muito comuns nesses momentos aterradores. Desistir ou persistir? Confiar que o futuro será melhor ou prostrar-se diante da dor?

Sei que todos nós, em algum momento da vida, seremos alcançados por problemas avassaladores e teremos que decidir como os

---

[3]Possui graduação em Psicologia pela Universidade Estadual Paulista–UNESP (2001), mestrado em Ciências pela Universidade Federal de São Paulo–UNIFESP (2005) e doutorado em Ciências pela Universidade Federal de São Paulo–UNIFESP (2009). Concluiu 3 pós-doutorados, sendo dois no Brasil (UNIFESP e USP) e um nos Estados Unidos (*Marshall University*). Tem experiência na Psicologia, com foco em Neuropsicofarmacologia. Atualmente é Presidente do Neurogenesis Institute (EUA).

enfrentaremos. Você pode escolher recorrer à fé como instrumento de enfrentamento e cura. Sim, sugiro tal estratégia, mesmo sendo cientista.

Como cientista e cristã, tenho tido o privilégio de verificar, em muitas pesquisas, a importância da fé para a saúde física e emocional. Sabemos que alguns desenvolvem fanatismo religioso, e isso pode ser prejudicial. Porém, para as pessoas em geral, a fé em Deus traz inúmeros benefícios. Mesmo que o tema seja complexo e traga acaloradas discussões, a fé ocupa um lugar importante no cotidiano, gerando qualidade de vida. Mas não se engane: os melhores benefícios são para aqueles que, de fato, "experienciam" a fé e não apenas "professam" ter fé.

Um estudo interessante de Peres e colaboradores (2018) objetivou avaliar o papel do sentido (significado) da vida, da paz, da fé e da religiosidade[4] sobre a saúde mental, a qualidade de vida e o bem--estar em um grupo de 782 adultos. Os resultados mostraram uma associação entre: (a) sentido da vida e paz com menos depressão e mais qualidade de vida, (b) paz com menos estresse, (c) fé e religiosidade com mais qualidade de vida psicológica. Sentido da vida e paz estavam mais fortemente associados com saúde, e aqueles com altos níveis de religiosidade intrínseca, mas com baixos níveis de sentido de vida e paz, tiveram os piores resultados do que aqueles com baixa religiosidade e altos níveis de sentido e paz. Entretanto, os religiosos que participaram da pesquisa encontraram mais paz e sentido para a vida do que os não religiosos.

Você entendeu que encontrar um sentido para a vida e ter paz é mais importante do que se dizer espiritual? E isso é tão óbvio!

---

[4]Religiosidade refere-se aos aspectos de crença e comportamento, incluindo a espiritualidade, fundamentada em uma religião ou tradição. A religião, por sua vez, é o sistema organizado de crenças, práticas e rituais relacionados com o sagrado, mas também pode envolver regras sobre condutas orientadoras da vida num grupo social. Ela pode ser praticada em uma comunidade ou individualmente. Assim, a religiosidade pode oferecer diretrizes comportamentais, visando reduzir tendências autodestrutivas e promover estratégias de enfrentamento diante das adversidades. Já a espiritualidade se refere às tentativas individuais para encontrar significado de vida e, consequentemente, influenciará as experiências consigo mesmo, com os outros, com a natureza, o qual pode incluir o senso de envolvimento com o transcendente ou com um poder maior.

NADA PODE CALAR UMA MULHER DE FÉ

Sentido e paz na vida são consequência de uma experiência íntima com Deus. Somente assim é possível encontrar vida plena. Não "diga" que tem fé, mas "viva" a fé.

Orientei uma tese de doutorado, e sua investigação consistiu em encontrar os dez comportamentos indispensáveis para a superação de grandes desafios. Foi interessante notar como as autoridades no assunto descrevem a espiritualidade como uma característica comum entre aqueles que deram a volta por cima.

A fé confere ao ser humano a capacidade de enfrentar bravamente os problemas sem perder a esperança. Traz paz interior, sentido à vida e alívio para os problemas emocionais (muitas vezes resolvendo-os). Enfim, a fé está intimamente ligada à felicidade.

O renomado psicanalista brasileiro Dr. Abílio da Costa-Rosa mostra em uma de suas pesquisas que a religião desempenha papel fundamental na melhora e adaptação de indivíduos com transtornos psicopatológicos, além de aumentar a adequação da relação consigo mesmo e com o cotidiano. Para ele, a eficácia da religião está baseada na adição de sentido à vida do indivíduo, o que provoca mudança de posicionamento em relação aos problemas, ao modo de tratá-los e ao próprio modo de vida.

Por ser uma experiência complexa, a espiritualidade ativa muitas partes do cérebro. Regiões envolvidas com o alívio da dor, com o prazer e com o altruísmo são ativadas nas experiências espirituais. O lobo parietal direito (região um pouco acima da orelha) está envolvido com a crença no poder divino. É interessante notar que essa mesma região diminui o foco em nós mesmos, permitindo que pensemos no bem-estar dos outros.

Mesmo que a espiritualidade desempenhe papel fundamental para a saúde física e emocional do indivíduo, isso não significa que as pessoas ligadas a ela não sofrerão. O sofrimento é inerente ao ser humano e, em algum momento da vida, qualquer um pode enfrentá-lo. As próprias religiões reconhecem que todos podem sofrer e que a religião deve oferecer suporte necessário para esses momentos de dor. Assim, quero compartilhar com você alguns dos benefícios de uma vida de comunhão com Deus:

O MILAGRE É VOCÊ

- A oração faz bem ao coração: pessoas que oram sofrem menos de doenças do coração e de tensão muscular. Orar também reduz a ansiedade e a depressão, melhora a memória e aprimora o aprendizado.
- A religiosidade pode proteger da depressão: estudos indicam que indivíduos com depressão têm o córtex mais fino. Porém, indivíduos com predisposição para desenvolver depressão, mas com alto nível de espiritualidade e fé, apresentavam córtex mais espesso, prevenindo a depressão.
- A religiosidade atua como protetora contra o consumo de drogas. Entre pessoas que tiveram educação religiosa formal na infância, acreditam que a religião é importante para sua vida, são praticantes das doutrinas que acreditam ser verdadeiras e frequentam a igreja regularmente, a religião influencia significativamente a abstinência de drogas. Um estudo brasileiro realizado por Sanchez e colaboradores identificou que "a maior diferença entre adolescentes usuários e não-usuários de drogas psicotrópicas, de classe socioeconômica baixa, era a sua religiosidade e a de sua família. Observou-se que 81% dos não-usuários praticavam a religião professada por vontade própria e admiração e que apenas 13% dos usuários de drogas faziam o mesmo". As estratégias preventivas são também eficazes no tratamento das drogas: laços familiares saudáveis e prática religiosa apresentam-se eficientes na recuperação de dependentes químicos. Além da fé religiosa, outros fatores contribuíram para o sucesso do tratamento da dependência: a pressão positiva do grupo religioso para se manter "limpo", acolhimento recebido no grupo (todos são considerados irmãos) e a oferta de reestruturação da vida com o apoio incondicional dos líderes religiosos.

E, quando a dor é extrema, como aquela provocada pela morte de alguém que amamos? Como voltar a viver e encontrar sentido para a vida? Preciso dizer-lhe que a fé e suas ferramentas continuam sendo indicadas!

Vinde, pois, e arrazoemos (Is 1.18).

O próprio Deus nos convida para o diálogo como forma de enfrentamento diante dos problemas. Ele já sabia que desabafar faz bem para o cérebro! Relatar o que lhe ocorreu modifica o cérebro, restaurando o bem-estar e felicidade. Os estudos de Peres e colaboradores indicam isso.

Esses cientistas realizaram um estudo com dezesseis pacientes que sofreram estresse pós-traumático parcial (que não apresentam todos os critérios de diagnóstico). Esses pacientes passaram por oito sessões de psicoterapia, nas quais os indivíduos fizeram uma narração de momentos traumáticos. Depois, foram convidados a relembrar situações difíceis que viveram anteriormente e a sensação positiva que tiveram ao superar o problema. Tomografias no final do tratamento revelaram que o funcionamento cerebral foi modificado após a narração. "Quem passou pela psicoterapia apresentou maior atividade no córtex pré-frontal, que está envolvido com a classificação e a 'rotulagem' da experiência", diz Peres. "Por outro lado, a atividade da amígdala, que está relacionada à expressão do medo, foi menos intensa." Isso fortalece a tese de que falar sobre o problema ajuda a pessoa traumatizada a controlar a memória da dor que sofreu.

Por isso Deus deixou a oração como meio de falarmos com Ele e os irmãos em Cristo para nos apoiarem quando precisamos desabafar! E, não menos importante, há os profissionais de saúde mental, que oferecem ajuda indiscutível para quem precisa lidar com os traumas. Vale ressaltar que não é indicado "abrir o coração" para qualquer um, pois nem todos estão preparados para oferecer ajuda. Porém, não deixe de falar sobre a sua dor, pois desabafar faz parte do processo de superação.

Gostaria de escrever muito mais, mas quero concluir convidando você para encontrar na espiritualidade o suporte necessário para viver com mais qualidade de vida.

Não sei como você tem encarado sua espiritualidade, mas desejo ter despertado ou intensificado seu desejo de investir mais nesse aspecto da sua vida, para que a sua felicidade seja completa. Que os preconceitos ou qualquer outro problema não impeçam você de experimentar os benefícios dessa experiência extraordinária.

Seja feliz!

ALVES, R. *A neurociência da felicidade*. São Paulo, 2018.

Conclusão

Sem fé é impossível agradar a Deus. Qualquer um que quer se aproximar de Deus deve crer que ele existe, e que recompensará aqueles que sinceramente o procuram (Hb 11.6).

Tenho certeza de que essa contribuição tão profunda da Dra. Rosana, acoplada às minhas reflexões e experiências pessoais, assim como as de minhas amigas que gentilmente cederam as suas, vão ajudar você, querida leitora, a encontrar o seu lugar de relevância no meio desse caos emocional produzido pelas perdas que você tem vivenciado. Perder nunca é algo encorajador, a menos que seja peso em excesso. A verdade é que ninguém gosta de perder. Mas as perdas vêm no pacote da vida.

Se eu vencer, te adoro
Se eu perder, te adoro
Se eu subir, te adoro
Se eu descer
Te adorar eu o meu prazer
Minha força vem do Senhor
Nada pode calar um adorador...

EYSHILA, *Nada pode calar um adorador*

Não devemos antecipar o sofrimento, mas devemos estar dispostas e preparadas para as perdas através de uma vida de fé pautada em um relacionamento íntimo e pessoal com Deus. Em Deus nada se perde, nem mesmo as nossas lágrimas. Elas são aproveitadas e transformadas em testemunhos e lindas canções.

Se existe algo que a morte vai tentar levar de você é a sua identidade. Não permita! Assuma o seu lugar de "milagre" no meio da sua adversidade. Quando o impossível não acontecer, quando a resposta não vier do jeito esperado, quando um vento contrário surpreender, quando você não for capaz de compreender, seja o milagre *você*. Antes que Deus realize o milagre que desejamos nessa vida, Ele deseja que sejamos o milagre de que esta geração precisa. Chega de se olhar no espelho como uma derrotada, dando desculpas esfarrapadas para a sua decisão de permanecer estagnada na dor. Eu respeito a sua dor, eu entendo que ela deve encontrar o seu espaço para se esparramar, eu entendo e concordo com as lágrimas, com o clamor, com os questionamentos e com todo o processo que a superação de uma perda envolve, seja ela qual for. O que não entendo é como alguém que pode encontrar cura em Deus permanece entalado, estagnado e paralisado no mesmo lugar por anos a fio, negando qualquer ajuda que lhe é proposta. Quem se recusa a ser curado hoje vai acumular suas dores amanhã. As tempestades não respeitam lutos ou lutas, por maiores que sejam.

Dois anos após a partida do Matheus, já tenho outros desafios diante de mim. Jamais seria capaz de lidar com os dilemas de hoje se não tivesse aceitado ajuda e sido curada das crises do passado. Ainda estou no meu processo, mas já percorri um caminho significativo. O Deus que me sustentou até aqui há de completar a Sua obra em mim. Eu quero ser curada, eu quero prosseguir, eu quero viver para ver dias melhores do que aqueles que eu já vivi. Dias ainda melhores do que aqueles que vivi ao lado do meu filho quando ele estava vivo? Como isto seria possível? Somente pela fé. Mas eu decidi abraçar a fé e viver por ela. Eu decidi não negociar a presença de Deus em todo e qualquer momento da minha vida, seja qual for o nome da crise que eu estiver enfrentando ou o demônio que estiver se levantando contra mim. Deus não me ama menos em dias piores. Deus não me ama mais em dias melhores. Eu creio que, haja o que houver, aconteça o que acontecer, nada poderá me separar do amor do meu Deus.

Quero encerrar fazendo uso do texto do querido apóstolo Paulo, o mesmo texto que usei quando me foi dada a palavra no enterro do meu filho, dia 15 de junho de 2016.

Que podemos dizer diante de coisas tão magníficas quanto estas? Se Deus está do nosso lado, quem é que pode estar contra nós? Visto que ele não

CONCLUSÃO

poupou nem o seu próprio Filho, mas o entregou por todos nós, será que certamente não nos dará, e de graça, todas as coisas? Quem se atreve a acusar os escolhidos de Deus? É Deus quem os justifica. Quem nos condenará, então? Foi Cristo quem morreu por nós e ressuscitou por nossa causa, e agora está sentado à direita de Deus, e também intercede por nós. Quem, então, pode nos separar do amor de Cristo? Será sofrimento ou angústia, ou perseguição, ou fome, ou nudez, ou perigo, ou a própria morte? Como está escrito: "Mas o fato é que por sermos fiéis ao Senhor *estamos sofrendo perigo de morte a todo instante; somos como ovelhas destinadas ao matadouro". Mas apesar de tudo isso, temos uma vitória esmagadora por meio daquele que nos amou. Estou convencido de que nada poderá nos separar do seu amor: nem a morte, nem a vida, nem os anjos, nem principados e potestades, nem o presente nem o futuro, nem um lugar bem alto no céu, ou nas profundezas do mar, nem qualquer outra coisa será capaz de separar-nos do amor de Deus que está em Cristo Jesus, o nosso* Senhor (Rm 8.31-39).

Mulher, o milagre é você que já tem uma "vitória esmagadora" por meio daquele que a amou. Você não tem que ser forte para buscar a Deus. O que você precisa é buscar a Deus para ser fortalecida. O inferno nunca vai desistir de usar suas dores e perdas para derrotá-la, mas Deus sempre estará disposto a usar toda e qualquer dificuldade para promover, levantar e aperfeiçoar você. Portanto, quando as dificuldades e desafios insuportáveis da vida chegarem gritando o quão derrotada, triste e perdedora você é, use em sua defesa o nosso grito de guerra. Que tal gritarmos juntas, agora mesmo. Vamos lá! 1, 2 3 e...

NADA PODE CALAR UMA MULHER DE FÉ!

https://bit.ly/2uNdq8h

BIBLIOGRAFIA CONSULTADA NA PARTE
A CIÊNCIA COMPROVA A EFICÁCIA DA FÉ

BLUM, R.W. et al. *Adolescent health in the Caribbean: risk and protective factors*. Am J Public Health, v.93, n.3, p.456-60, 2013.

COSTA-ROSA, A. Curas místico-religiosas e psicoterapia. *Estudos de Religião*. São Bernardo do Campo. 16: 123-139, 1999.

DALGALARRONDO, P.; SOLDERA, M.A.; CORREA FILHO, H.R.; SILVA, C.A.M. *Religião e uso de drogas por adolescentes*. Rev Bras Psiquiatria, v.26, n.2, p.82-90, 2004.

HODGE, D.R.; CARDENAS, P.; MONTOYA, H. *Substances use: spirituality and religious participation as protective factors among rural youths*. Soc Work Res, v.25, n.3, p.153-60, 2001.

JOHNSTONE, B. *Spirituality, religion and health outcomes research: n- dings from the Center on Religion and the Professions*. Mo Med., v.106, n.2, p.141-4, 2009.

MILLER, L. et al. *Neuroanatomical correlates of religiosity and spirituality: A study in adults at high and low familial risk for depression*. JAMA Psychiatry, v.71, n.2, p.128-35, 2014.

MILLER, L.; DAVIES, M.; GREENWALD, S. *Religiosity and substance use and abuse among adolescents in the national comorbidity survey*. J Am Acad Child Adolesc Psychiatry, v.39, n.9, p.1190-7, 2000.

MOSS, A.S. et al. *An adapted mindfulness-based stress reduction program for elders in a continuing care retirement community: quantitative and qualitative results from a pilot randomized controlled trial*. J Appl gerontol., v.34, n.4: p.518-38, 2015.

PERES J.F. et al. *Cerebral blood flow changes during retrieval of traumatic memories before and after psychotherapy*: a SPECT study. Psychol Med. 2007 Oct;37(10):1481-91. 10.1017/S003329170700997X>

PERES M.P.F., KAMEI H.H., TOBO P.R., LUCCHETTI G. *Mechanisms*

Behind Religiosity and Spirituality's Effect on Mental Health, Quality of Life and Well-Being. J Relig Health. 2018 Oct;57(5):1842-1855. doi: 10.1007/s10943-017-0400-6.

PIKO, B.F.; FITZPATRICK, K.M. *Substance use, religiosity, and other protective factors among Hungarian adolescents*. Addict Behav, v.29, n.6, p.1095-107, 2004.

RYAN, M.J. *O poder da adaptação* [tradução de Paulo Polzonoff Jr.]. Rio de Janeiro: Sextante, 2012.

SANCHEZ, Z.V.M.; OLIVEIRA, L.G.; NAPPO, S.A. *Fatores protetores de adolescentes contra o uso de drogas com ênfase na religiosidade*. Ciência e Saúde Coletiva, v.9, n.1, p.43-55, 2004.

SANCHEZ, Z.; VAN DEER M.; NAPPO, S.A. *Intervenção religiosa na recuperação de dependentes de drogas*. Saúde Pública, v.42, n.2, p.265-72, 2008.

STYLIANOU, S. *The role of religiosity in the opposition to drug use*. Int J Offender Ther Comp Criminal, v.48, n.4, p.429-48, 2004.

TEJON, J. L. *A grande virada: 50 regras de ouro para dar a volta por cima*. São Paulo: Gente, 2008.

https://bit.ly/2WKr1sX

EYSHILAOFICIAL

@EYSHILASANTOS

EYSHILAOFICIAL

@EYSHILA1

Contatos para convites: Agendaeyshila@gmail.com
Telefone: (XX-21) 99921-0232

Sua opinião é importante
para nós. Por gentileza envie
seus comentários pelo e-mail
editorial@hagnos.com.br

Visite nosso site: www.hagnos.com.br

Esta obra foi impressa na
Imprensa da Fé.
São Paulo, Brasil.
Verão de 2021.